「日本人の神」入門
神道の歴史を読み解く

島田裕巳

JN259122

講談社現代新書

2368

目次

＊神名については、記述が『古事記』『日本書紀』等からの引用による場合は、引用元の表記に従う。

はじめに

伊勢神宮の式年遷宮

二〇一三（平成二五）年には、伊勢神宮で二〇年ぶりの式年遷宮が行われた。

遷宮とは、神社の社殿《しゃでん》を造営したり、修理したりするときに、そこに祀《まつ》られていた御神体は一時的に仮殿などに移されるが、それを、再び本殿《ほんでん》に戻すことを言う。式年遷宮は、その遷宮を定められた年に定期的に行うことをさしている。

式年遷宮は、今でも、歴史の古い神社で行われているが、伊勢神宮の式年遷宮ほど規模が大きいものはない。なにしろ、二〇年ごとに社殿が一新されるからである。しかも、内《ない》宮《くう》と外宮《げくう》の正殿《しょうでん》だけではなく、一四の別宮や多くの殿舎、五十鈴《いすず》川にかかる宇治橋、さらには神宝までがすべて新しく作り替えられる。

その分、膨大な費用と人手を必要とする。今回の式年遷宮には、当初、五五〇億円が必要だと言われたが、最終的に五七〇億円の費用がかかったと言われる。

伊勢神宮の正式な名称は、「宗教法人神宮」であり、他の宗教施設と同様に、民間の宗教法人の形態をとっている。現在の日本では、憲法によって政教分離が規定されており、皇室の先祖である皇祖神《こうそしん》を祀る伊勢神宮であっても、政府その他、公の機関が遷宮のための資金を提供することはできない。したがって、五七〇億円は、すべて伊勢神宮が負担したことになるが、神宮の側が用意していたのは三三〇億円で、残りは、広く国民から寄進されたものである。

現代では、社寺への参詣ということがブームになっていて、宣伝も大いにされるため、今回の式年遷宮にはこれまで以上に強い関心が寄せられた。それまで、伊勢神宮への参拝者の数が年間で一〇〇〇万人を超えたことはなかったが、二〇一三年の参拝者は一〇〇〇万人をはるかに超え、一四二〇万四八一六人に達した。これは、史上最高の参拝者数である。

翌年の二〇一四年も、参拝者は一〇八六万五一六〇人で、二年連続して一〇〇〇万人を超えた。もっとも、これは内宮と外宮の参拝者をあわせた数で、二〇一三年の場合、内宮が八八四万九七三八人で、外宮が五三五万五〇七八人だった。したがって、内宮と外宮双方に参拝した人間は、両方で数えられていることになる。

二〇一三年は、島根の出雲大社でも、本殿の遷宮が行われた。これは、「平成の大遷宮」と呼ばれた。神社建築としては一番大きい本殿の巨大な屋根が葺《ふ》き替えられ、玉垣や瑞垣《みずがき》まで修理され、出雲大社は壮麗な姿を取り戻した。こちらは、九五億の費用がかかったとされる。

出雲大社の遷宮は、その前には六〇年前の一九五三（昭和二八）年に行われている。そのときも、二〇年ごとの伊勢神宮の式年遷宮と重なった。

両社の遷宮が重なることは定められたことではなく、たんなる偶然である。というのも、出雲大社の場合には、六〇年ごとに遷宮を行うという決まりがあるわけではなく、その実施は不定期だからである。

ただ、神社界を代表する二つの神社で同じ年に遷宮が行われたことで、神社に対する関心も自ずと高まった。

皇祖神とは誰か

この本では、それに関連して、一つの重要な観点を導入したいと考えている。

それは、皇祖神の問題である。

伊勢神宮には天照大神《あまてらすおおみかみ》が祀られ、天照大神は皇祖神と見なされている。

しかし、本当に天照大神が皇祖神なのかどうかについては、それを疑問とする声が上がってきた。たとえば、歴史民俗学者の岡正雄や古代文学者の松前健、あるいは日本古代史の溝口睦子などは、天孫降臨の際の役割などから、皇祖神は天照大神ではなく、高御産巣《たかみむす》日神《ひのかみ》であるという主張を展開してきた。

たしかに、『古事記』や『日本書紀』の記述を素直に見ていくと、そうした疑問が浮上してくる。高御産巣日神は天孫降臨において重要な役割を果たしているにもかかわらず、皇祖神としてはとらえられてこなかった。その後においても高御産巣日神は日本の神々の歴史のなかで、さほど重要な存在であるとは言えない。

むしろ、天照大神以上に、皇祖神としての信仰を集めた神がいた。その神は八幡神《はちまんしん》である。八幡神は最初渡来人が祀っていたにもかかわらず、応神《おうじん》天皇と習合することで、第二の皇祖神の立場を確立した。しかも、一時は天照大神を凌駕する存在にまでその地位を高めた。いったいなぜ、そんなことが起こったのか。

日本の神の世界には他にも不思議なことがある。いったい、日本人はどういった神を祀り、その神とどう関わってきたのだろうか。そのことは意外に明らかにされていない。

日本人にとって神とは何なのか。この本で明らかにしようとするのは、そのことである。

第一章　場所性をもつ日本の神　一神教との対比

日本人が祀っている神

「神を祀る」という表現がある。祀るは祭ると書かれることも少なくない。

ここで言う「祀る（祭る）」の意味だが、辞書を引いてみると、「神としてあがめ、一定の場所に鎮め奉る。奉祀する」（『広辞苑』）こととある。

ほかに、神霊《しんれい》を慰め、祈願するなどの意味も示されているが、ここで注目しなければならないのは、祀る主体、鎮め奉る主体が誰かということである。

それが、神でないことは明らかだ。神が自らを神としてあがめることはない。となれば、神を祀る主体は人間であるということになる。私たちが神を祀るわけである。

同じ神ではあっても、キリスト教やイスラム教で信仰される神については、それを私たち人間の側が主体的に祀るということは考えられない。ヤハウェなり、アッラーなりを祀るということは、まったくないとは言えないかもしれないが、通常、あり得ないことである。あるいは、祀る前に一神教の神は臨在しているとも言える。

それは、私たち日本人が祀っている神と、一神教の神とが根本的に異なる存在であることを意味する。

ただし、神を祀っているのは、日本人には限られない。朝鮮半島でも中国でも、さらには、タイやミャンマー、そしてインド、アフリカ、かつてのアメリカ大陸やオーストラリアなどにおいても、現地の人々はそれぞれに神を祀っていると考えることができる。

つまり、一神教の世界では、神を祀るという行為があり得ないのに対して、多神教の世界では、それが十分に可能なのである。

祀る神と祀ることのできない神、多神教の神々と一神教の神とは、そうした形で区別することもできる。

話を日本に限定していくことにするが、神を祀るということの具体的な現れは、二つに分けられる。

一つは、すでに神が祀られている神社に出向き、そこで、供物《くもつ》を捧げたり、神楽《かぐら》などをあげ、神の霊を慰め、祈願を行う場合である。その際に、祀るという行為は、祈る、祈禱するという行為と同義である。

これに対して、聖域を定めるなり、社殿などを建てるなりして、神を祀るということもある。これは、それまで神が祀られていなかった場所に新たに神を祀るものであり、それは、神社の創建ということに匹敵する行為である。

「はじめに」で述べたように、伊勢神宮と出雲大社で同じ年に遷宮が行われることで、神

「出雲神社牓示図」出雲大神宮所蔵

社に対する関心が改めて高まったわけだが、それを背景に、東京国立博物館と九州国立博物館で開かれたのが、「国宝大神社展」という大規模な展覧会であった。

私も、東京国立博物館での展覧会に出かけていったが、そこで一枚の興味深い絵を見つけた。

それが、「出雲神社牓示図《ぼうじず》」というものである。なお、ここで言う出雲神社は出雲大社のことではなく、京都の亀岡にある現在の出雲大神宮のことで、この絵を所蔵しているのもそこであった。

その絵は、実にあっさりしたもので、いくつかの山が描かれているだけである。そもそも牓示とは、杭や石などによって領地の境界を標示することを意味し、この図も、そうした役割を担うものとして描かれたと考えられる。つまり、芸術的な絵ではないのである。

ただ、右下に描かれた小山には木々が多く描かれ、絵のなかでも自ずと目立つようになっていた。その小山の麓には一基の鳥居が描かれている。さらにその手前には、小さな小屋のような建物が三棟建っている。

この絵を見ても、普通の人は何も感じないことだろう。実際、展覧会でも、この絵に注目する人は見かけなかった。

しかし、私には衝撃だった。というのも、これこそが昔の神社のほんとうの姿を示したものではないかと思えたからである。

社殿がない鎌倉時代の出雲神社

「国宝大神社展」の図録の解説では、出雲神社の社領を西園寺公経《きんつね》が領家として知行したことを伝える天福《てんぷく》二（一二三四）年の関東御教書《みぎょうしょ》に「牓示指図別紙有之」という記載があり、それが、この「出雲神社牓示図」ではないかとする説があると述べられていた。展示でも、おそらくそれをもとにしたものと思われるが、「鎌倉時代十三世紀」と製作年代が示されていた。

牓示図で、鳥居の背後に描かれているのが御影（蔭）山で、それは、出雲神社の御神体であると考えられる。山を御神体とするのは、古代からの伝統であり、そうした山は「神体山」と呼ばれる。何より、鳥居と神体山のあいだに建物がないことが注目される点である。鳥居の手前の三棟の建物は、図録の解説でも述べられているように、出雲神社の社殿というわけではないだろう。ということは、鎌倉時代の出雲神社には、鳥居があるだけで、社殿はまったくなかったことになる。

現在の私たちは、神社には必ず社殿があるものと考えている。実際、神社を訪れれば、そこには祭神を祀った本殿があり、拝礼をするための拝殿が設けられている。そして、伊勢神宮については、式年遷宮によって、古代の社殿の形式が今日にまでそのまま受け継がれていると考えている。

しかし、「出雲神社牓示図」には、社殿はいっさい描かれていない。本殿もなければ、拝殿もないのだ。

私はそれを見て、これこそが、日本人が神を祀る原初の姿なのではないかと考えた。実は、この図を見る前からそのように考えてきたのだが、それが実証されたように感じられたのである。

しかもである。この図を見た翌年のこと、私に、出雲大神宮の名で現在は知られている出雲神社を訪れる機会がめぐってきた。それは、意図してのことではなく、偶然のことであった。

それは夏休みの終わりに、仕事を兼ねて関西に家族で旅行したときのことである。観光する時間があったので、京都の嵐山へ行き、トロッコ列車に乗って亀岡へ出た。そこから保津川下りをするつもりだったのだが、その夏は、大雨が降るなど、川が増水し、保津川下りは中止になっていた。私たちは、それを知らなかったのである。

そこで、はたと困ってしまったのだが、駅にあった亀岡周辺の地図を見てみると、そこに出雲大神宮とあるのを発見した。私はそれを見て、急遽、そこを訪れることにした。幸い、出雲大神宮へ行くバスもあった。何か、出雲大神宮、つまりはかつての出雲神社に引き寄せられたかのようでもあった。

もちろん、現在の出雲大神宮には、本殿はあるし、拝殿もある。本殿の建物は、室町時代前期のもので、足利尊氏によって、元徳《げんとく》年間（一三二九〜三一年）または貞和《じょうわ》元（一三四五）年に改修されたと伝えられている。

実は、吉田兼好が記した『徒然草』のなかに出雲神社のことが出てくる。それは、二三六段においてで、「丹波に出雲と云ふ所あり。大社を移して、めでたく造れり」とある。これは、丹波国に出雲と呼ばれる場所があるが、出雲大社から「勧請《かんじょう》」して、社殿が造られているという意味である。

『徒然草』の成立については諸説あり、橘純一は、元徳二（一三三〇）年八月から元弘《げんこう》元（一三三一）年九月頃のこととした。これは、室町時代に入る直前、鎌倉時代末期ということになる。果たして現在の本殿以前に社殿が建てられていたのかどうか、それははっきりしないが、一四世紀の前期の時点で、出雲神社は社殿をもっていたことになる。

そして、それ以前には、「出雲神社牓示図」が示すように、社殿はまったくなかったことになる。「出雲神社牓示図」が描かれたときから、兼好法師が出雲神社について書いたときまで、その間に社殿が造営されたことになる。

では、社殿がまだない時代に、出雲神社を訪れた人々は、どうやって神に祈りを捧げたのだろうか。

神道の世界のはじまり

現在の出雲大神宮へ行ってみると、御影山は禁足地《きんそくち》になっていて、そこに足を踏み入れることはできなくなっている。ただ、途中までは行くことができ、磐座《いわくら》が祀られている。磐座は、神体山のなかにあって信仰の対象になっている大きな石、岩のことである。

そこには、注連縄《しめなわ》がはられ、現在は結界されているが、まだ社殿がなかった時代には、この磐座の前で祭事が行われたはずである。その後、磐座のある御影山が神体山となり、やがて山の前に社殿が建てられるようになっていったはずだ。これは、ほかにも見られることで、神社の社殿が造られているときの基本的なパターンと言えるものである。

社殿のない神社など、今の人間には想像もできないだろう。

しかし、神道の世界はそうした形からはじまっていた。

このことの意味は大きい。

そこには、日本人と、日本人が信仰の対象としてきた神々との関係の持ち方が影響していた。

なお、出雲神社について吉田兼好は、当時は杵築《きづき》大社と呼ばれていた出雲大社から祭神《さいじん》を遷し、それを祀るようになったと述べている。祭神を別の神社に遷すことは、勧請と呼ばれる。祭神の分霊を行うことで、勧請がなされることになる。勧請は神だけではなく仏についても行われる。

出雲大社の祭神は大国主大神《おおくにぬしのおおかみ》である。一方、現在の出雲大神宮では、祭神を大国主命《みこと》とその后、三穂津姫命《みほつひめのみこと》とするが、大国主大神と大国主命とは同じ神である。

出雲大社の祭神をいったいいつ遷したのかについて、『徒然草』では何も述べられてはいないので、その時期は不明だが、『徒然草』執筆の時期よりもそれほど遡らないのであれば、勧請されたのは大国主命ではない可能性がある。

というのも、詳しくは拙著『なぜ八幡神社が日本でいちばん多いのか』（幻冬舎新書）の出雲の章を見ていただきたいが、九世紀から一七世紀まで、出雲大社の祭神は、大国主ではなく、須佐之男命《すさのおのみこと》に変わっていたからである。

となると、出雲大社からの勧請は九世紀よりも前ということになるが、出雲大神宮の側の言い伝えでは、祭神は出雲大社から勧請されたのではなく、逆に、当時の出雲神社で祀っていた神を、杵築大社が勧請したことになっている。

出雲大神宮は、丹波国一宮だが、『丹波国風土記』逸文には、「元明天皇和銅年中、大国主命御一柱のみを島根の杵築の地に遷す」とある。そのために、出雲大神宮は別称として、「元出雲」とも呼ばれているというのである。

風土記には、まとまった量の文が現存するものは数少ないが、他の書物に引用されるなどして一部が残っているものがあり、そうしたものは風土記逸文と呼ばれる。ただ、『丹波国風土記』逸文については、由緒のはっきりしない文書とされ、逸文の一つとしては認められていない。おそらく、どこかの時点で、出雲大神宮の由緒の正しさを強調するために、元出雲の伝承が作り上げられたのであろう。

出雲大神宮の側では、この『丹波国風土記』逸文と、「出雲神社牓示図」を根拠に、社殿造営は、和銅《わどう》二（七〇九）年一〇月二一日であるとしている。牓示図には、和銅二年四月一五日という日付が入っているからである。これは、牓示図に社殿が描かれていないため、つじつまを合わせるために、社殿が造営されたとする年号よりも前にこの図が描かれたとする必要があったのだろう。

だが実際に、社殿が建てられたのは、すでに述べたように、一四世紀、室町前期のことと考えられる。

それまでの出雲神社には、社殿がなく、磐座こそが祭祀を行う場であった。そこに集った人々は、磐座で神を祀ってきたのである。そして、鎌倉時代の終わりから室町時代のはじめにかけて、恒久的に神を祀るための場として社殿の造営が行われたのである。

出雲神社にその時まで一切社殿がなかったということは、そこが神社の古い形をそのまま残していたことを意味する。それは極めて貴重なことであり、神社の歴史のなかで、いかにこの神社が重要な存在であるかを示しているのである。

一定の場所にしか祀ることができない

ここで注目しなければならないのは、神を祀るという行為が、人間を主体として行われるものであるとともに、特定の場所というものと深く関係していることである。その点で、辞書に「一定の場所に」ということが明記されていることの意味は大きい。日本の神は一定の場所にしか祀ることができないものなのである。

これは、一神教における神のあり方とはやはりまったく異なっている。

一神教の神は、キリスト教でもイスラム教でも、さらにはその源流となったユダヤ教でも、特定の場所には結びつけられていない。

キリスト教の教会は世界各地にあるが、それぞれの教会で独自に神を祀っているというわけではない。キリスト教には「三位《さんみ》一体《いったい》」の教義があるが、この世界を創造した父なる神は、天にあって、人間の営みをそこから見つめていると考えられている。

三位一体を構成するもう一つの位格、イエス・キリストは、神の子として生まれ、地上で活動を展開したものの、十字架に架けられて殺される。三日目に復活し、弟子などのもとに現れるが、「マルコによる福音書」では、イエスは弟子たちと話をしてから、「天に上げられ、神の右の座に着かれた」とある。それは、「ルカによる福音書」にも記されている。そして、最後の審判が訪れる際には、イエスは天から地上に再臨するとされている。この予言は、いまだに成就されていないわけだが、それまでイエスは神とともに天にあることになる。

イスラム教で信仰されるアッラーの場合には、預言者ムハンマドにメッセージを下したとされるが、直接彼の前に現れたわけではない。現れたのは天使ジブリールであり、天使が神のメッセージを伝えたのである。

イスラム教では、メッカが聖地になっていて、イスラム教徒が日々礼拝を行うときには、「キブラ」と呼ばれるメッカの方角にむかって行われる。集団で礼拝を行う場所がモスクになるわけだが、その内部の壁には、キブラを示す窪みである「ミフラーブ」が設けられている。偶像崇拝を禁じるイスラム教では、モスクのなかには、ほかに何もない。モスクはただの礼拝所であり、そこに神を祀る場所ではない。神社には、御神体となった山や、遠くにある神社を拝むための遥拝所というものがあるが、モスクはこの遥拝所に近いものかもしれない。

メッカの場合、その中心には、カアバ神殿がある。カアバ神殿は、預言者ムハンマドが現れる以前からあったもので、当時そこには、それぞれの部族が祀る多数の神々が祀られていた。その段階では、神道の神社に近いものだったとも言える。

ところが、ムハンマドは、偶像をことごとく破壊してしまい、それ以降、カアバ神殿のなかには何もなくなった。ただ、大きな絨毯によって覆われているだけである。

ただ一つ祀られているということに近いものがあるとすれば、それは、神殿の東の角、地上1・5メートルのところに据えつけられた黒曜石である。これは、旧約聖書の「創世記」にも登場するアブラハム、アラビア語ではイブラーヒムが神殿を建立したときに、天使が運んできたものだという伝承がある。巡礼に訪れた信徒たちが、それに接吻するので、すり減ってしまい、今では金属製の覆いがかけられている。

この黒曜石は、神道の感覚では、御神体のようにも見えるが、イスラム教ではそのようには位置づけられていない。神は、カアバ神殿に鎮座しているわけではなく、世界に遍在している。世界そのものが神であるとも言える。したがって、イスラム教においても、キリスト教と同様に、神を一定の場所に祀るということはないのである。

日常の場では神を感じない

特定の場所に神を祀るという場合と、神が遍在している場合とでは、信徒の行動は根本的に異なってくる。

神が遍在しているととらえる一神教の世界では、神に祈りを捧げるというときに、どういった場所においても可能である。キリスト教徒なら、今、この場所で十字を切れば、神に祈ることができる。イスラム教徒も、一日五回の礼拝は、モスクに行かなければできないということではない。家でも職場や学校でも、あるいは旅先の空港やホテルでも、どこでも祈りを捧げることができる。モスクが都合がいいのは、メッカの方角がはっきりとしているからである。

ところが、日本の神道では、神に祈るというとき、ほとんどの人たちは神社へ出掛けていく。日常の生活を営んでいるその場で祈ってはならないとされているわけではない。けれども、神殿に祀られた神の前に行かなければ、祈りを捧げることは難しい。神棚もないただの日常の場で祈ることに対して、多くの人は違和感を持つであろう。

それは、意識にも影響する。

神が遍在しているということは、その神の存在を常に意識するということに結びつく。もちろん、一神教の信者が二十四時間、神の存在を意識しているというわけではない。だが、何か重大なことが起これば、その背後に神の力、神の働きを感じる。

ところが、私たちは、日常の場で神を感じることがない。神社を訪れ、境内に足を一歩踏み入れたときに、神の存在を感じるかもしれないが、礼拝を終え、境内から離れれば、もう神の存在を感じることはなくなる。私たちが、神社の外で神の存在を感じるということはほとんどないのである。屋敷神にしても、神棚にしても、それは一定の場所に設けられるものであり、神社のミニ版にほかならない。

古代ユダヤ教は「神を祀る」

一神教の世界で、神を祀るということに近いやり方がとられているとすれば、それは、古代のユダヤ教においてである。ユダヤ教では、神殿に神を祀るということが行われていたからである。

ユダヤ教における神殿の原型は、シナイの荒野の天幕に求められる。移動式の天幕においては、そこに神が臨在し、人と出会うと考えられ、それは「会見の天幕（オヘル・モエード）」と呼ばれた。天幕の奥には、「至聖所」が設けられ、そこに神が臨在すると考えられた。この至聖所は、紀元前九五〇年頃に完成するソロモンの神殿にも設けられ、それが破壊されて後に設けられたヘロデの神殿でも同様だった。

この至聖所について、市川裕は、『ユダヤ教の歴史』（山川出版社）において、次のように述べている。

　神殿において神が臨在するとされた場所は、内奥の至聖所である。ここは天と直結する特別の場所であり、この世の「楽園」であり、地上の時間と空間の概念を超越した聖域と認識された。殿堂内は、花や木々の装飾で満ち、契約の板をおさめた箱が安置され、それは形状からメルカヴァ（御車）とも呼ばれた。その蓋の上に有翼の天使ケルビムがいて、楽園を守った。

日本の神社の場合、神を祀る神殿そのものが楽園と見なされることはないかもしれないが、中世から近世にかけての神仏習合の時代には、神社の境内が浄土にたとえられることはあった。その点を含め、至聖所に神が臨在するとされたことは、神社のあり方に通じるものをもっている。

しかし、この神殿も破壊され、ユダヤ教は、神殿を信仰生活の中心とする「神殿の宗教」から、ユダヤ法であるハラーハーを遵守することで、信仰共同体の結束をはかる「法の宗教」へと転換していった。

法の宗教となったユダヤ教においても、「シナゴーグ」という礼拝所が各地に設けられている。シナゴーグの建築様式は多様だが、建物は、全体が聖地であるエルサレムの方角を向くように建てなければならないとされている。

エルサレムの方角を向いた壁面には、ヘイハル、あるいはアロン・コーデシュと呼ばれる聖櫃《せいひつ》が設けられており、そこには、ユダヤ教の聖典である「トーラー」が安置されている。トーラーは、キリスト教の旧約聖書の冒頭におさめられた「モーセ五書」のことである。

聖地の方角を向いているという点で、シナゴーグのあり方は、イスラム教のモスクに受け継がれたことになるが、モスクでは、メッカの方角にコーランのような聖典を安置するということは行われていない。

トーラーは、神からの啓示を記したものであり、その点でそれを記した巻物も神聖なものと考えられている。ユダヤ教では、男子は一三歳で成人とみなされるが、成人になったことを祝うバル・ミツヴァの祝典では、対象となる少年は、容器に入ったトーラーを抱えてシナゴーグに入り、そこに記された章句を朗読する。

トーラーを御神体として考えることはできないが、古代の神殿にあった至聖所は、そこに神が臨在するという点で、神道の神社に近い。そうした至聖所が信仰生活の中心にあったということは、その段階でのユダヤ教にはまだ、神が遍在するという感覚が存在しなかったということであろう。

考古学による復元への違和感

佐賀県の神埼《かんざき》郡吉野ヶ里町と神埼市にまたがる吉野ヶ里丘陵には、弥生時代の吉野ヶ里遺跡がある。現在そこは特別史跡に指定されており、遺跡は50ヘクタールにもわたっている。

吉野ヶ里遺跡は、大規模な環濠聚落《かんごうしゅうらく》の跡で、弥生時代の後期には、外濠と内濠の二重の環濠で囲まれていた。一九八六（昭和六一）年から発掘調査が進められ、現在では、その調査にもとづいて多くの建物が復元されている。

そのなかには、竪穴住居や高床住居、あるいは高床倉庫などが含まれているが、ひときわ目を引くのが、北内郭《きたないかく》と呼ばれる地域に建っている主祭殿《しゅさいでん》である。主祭殿は、二層三階建てになっており、重要な事柄を決めるための会議を行ったり、祖先の霊に対する祈りを捧げる場であったとされている。

この主祭殿には見学者が登れるようになっていて、二階が会議の場であり、三階が祭祀の場であったとされている。三階では、奥に榊が立てられ、そこには鏡も祀られている。その前には、榊を手に持ち、頭にもその冠をかぶった巫女の人形が坐っている。その横には、楽器を奏でる人間もいて、古代の祭事が再現された形になっている。説明によれば、それは、先祖の霊のお告げを聞くための祭事であるという。

見学者の多くは、展示とその説明書きを見て、弥生時代にはそうした祭事がここで行われていたと考えてしまうだろうが、私はそれを見て、違和感をもった。まず間違いなく、弥生時代の吉野ヶ里では、主祭殿などというものはなかったし、そうした祭事も行われていなかったに違いないと感じたからである。

弥生時代は、紀元前三世紀中ごろから紀元後三世紀中ごろまで続いたとされる。当然、その時代の日本の文献史料などはまったく残っておらず、そもそもそうした史料があったかどうかも分からない。

発掘によって明らかになるのは、建物の遺構である。現在主祭殿が復元されているところには、大型の建物が存在したことを示す遺構が発見されている。

しかし、遺構だけからでは、建物の大きさは推定できても、他に遺物が発見されていなければ、どういった目的で使われる建物だったかは分からない。大型の建物なら、聚落のなかで中心的な役割を果たすもので、きっとそこでは祭事が行われていたに違いないと考えられたから、主祭殿が復元されているわけである。

静岡には、弥生時代後期に属する遺跡として登呂《とろ》遺跡がある。こちらは、終戦から間もない一九四七（昭和二二）年から本格的な発掘が行われ、竪穴式住居や高床式倉庫の遺構が発見されたが、一九九九（平成一一）年からは再発掘が行われ、それにもとづいて、祭殿が復元されている。

こちらの祭殿は、高床式で、屋根には千木《ちぎ》と鰹木《かつおぎ》を戴き、両脇は太い棟持柱《むなもちばしら》で支えられている。その姿は、伊勢神宮の正殿を模したものであることは明らかだが、時代から考えると、こちらが伊勢神宮の神明造り《しんめいづく》の起源になっていることを主張しているようにも見える。

私は、これを見たときにも、やはり違和感をもった。たしかに、吉野ヶ里遺跡の主祭殿にしても、登呂遺跡の祭殿にしても、それは見学者の注目を集めるものであることは間違いない。私たち現代人には、古代に遡れば遡るほど、人々は篤い信仰をもち、熱心に祭祀を行っていたというイメージがある。復元された祭殿は、そうしたイメージに合致している。

神社の建物があるのかは明確でない

弥生時代の後期からでも一〇〇〇年が経った一三世紀の出雲神社には、いっさい社殿がなかった可能性が高いわけである。もちろんそれは、出雲神社に限られることで、他の神社では、しっかりと社殿が建てられていたかもしれない。

実は、神社の建物がいつからあるのかということは、意外にはっきりさせることが難しい問題でもある。

それぞれの神社には、その神社の由緒を伝える「社伝」というものがあるが、そうした社伝によると、神社の創建ははるか古代に想定されていることが多い。出雲大神宮の神殿の造営も、すでに見たように、和銅二（七〇九）年とされていた。

創建がもっとも古いとされているのが、常陸国一之宮の鹿島神宮の場合で、神武天皇元年に創立されたとされている。神武天皇は、初代の天皇と位置づけられているが、明らかに架空の存在である。神武天皇が即位した辛酉《かのととり》の年は紀元前六六〇年とされている。『日本書紀』においては、神武天皇四年に、大和を平定した天皇が、「皇祖天神《みおやのあまつかみ》」を祀ったという記事が、神を祀った最初の記述である。

日本には、世界最古の木造建築として法隆寺の金堂《こんどう》がある。この建物がある西院伽藍《さいいんがらん》については、明治時代に再建論がとなえられ、再建か非再建かで議論になってきたが、たとえ再建論をとったとしても、金堂は持統《じとう》天皇七（六九三）年までに再建されていたことは間違いない。七世紀終わりの建物が、今まで受け継がれているわけである。

これに対して、神社建築で現存するもっとも古いものは、京都の宇治にある平等院とは宇治川を隔てて向かい側にある宇治上《うじがみ》神社である。

宇治上神社の本殿が、それに当たるが、三つの流造《ながれづくり》の小さな社になっている。現在は、覆屋《おおいや》におおわれているが、本殿は康平《こうへい》三（一〇六〇）年頃のものではないかとされている。一一世紀の後半、平安時代中期のものである。

もっとも古い寺院建築と、もっとも古い神社建築では、三五〇年以上の開きがある。奈良では、法隆寺が建立されて以降、多くの寺院が建立され、そのなかには現存するものも少なくない。さらに、法隆寺よりも前に建立された日本最古の寺院が法興寺であり、それは飛鳥寺として現存している。法興寺時代の建物はまったく残されていないが、六世紀末から七世紀はじめにかけて蘇我氏の氏寺として創建されたとされている。

寺院の場合、そこは出家した僧侶が寝泊まりして、法要を行い、仏法の研鑽にあたる場であり、建物の存在が不可欠である。したがって、法興寺に建物があったことは確実で、実際に発掘調査によって一塔三金堂式伽藍があったことが判明している。

宇治上神社が現存する最古の神社建築だからといって、それが、最初の神社建築だったというわけではない。

たとえば、伊勢神宮については、延暦《えんりやく》二三（八〇四）年に、神宮の側から神祇官《じんぎかん》に提出された『皇太神宮儀式帳《こうたいじんぐう》』という文書があり、そこには正殿をはじめとする建物の形状が寸法や使われている材料などを含め詳細に記されている。この時点で、伊勢神宮に神殿が建てられていたことは間違いない。ただ、伊勢神宮は式年遷宮がくり返されるので、古い社殿はまったく残っていない。

この点では、伊勢神宮については、社殿が九世紀初頭に建てられていたことになり、寺院建築と古さではそれほど変わらないということになる。

本殿ばかりか拝殿もなかった

だが、どこでも社殿が建てられていたわけではなく、それは一部にとどまったものと考えられる。

神道の祭祀が行われていた場所として、古い形態を示しているとされるのが、福岡県の宗像《むなかた》大社の沖津宮《おきつみや》がある沖ノ島と、奈良の大神《おおみわ》神社である。大神神社は、三輪神社という通称でもよく知られている。

大神神社の特徴は、現在でも、拝殿はあっても本殿がないことに求められる。拝殿の背後にある標高四六七メートルの三輪山が、大神神社の御神体と考えられており、拝殿から御神体としての三輪山を仰ぎ見て、礼拝を行う形になっている。

大神神社には、今でも本殿はないわけだが、現在の拝殿の方は、寛文《かんぶん》四（一六六四）年に徳川四代将軍の家綱が造営したものである。では、それ以前はどうだったのだろうか。

『日本書紀』では、崇神《すじん》天皇紀に、大神祭が盛大に行われたという記事があり、そこには、「殿戸」や「神宮」、「朝門」といったことばが登場する。これから、この時代には拝殿があったとも考えられる。だが、崇神天皇は実在の可能性がある最古の天皇とはされているものの、在位したのは三世紀から四世紀はじめのことと想定されており、『日本書紀』の記述をそのまま事実とみなすわけにはいかない。

『日本紀略』には、長保《ちようほう》二（一〇〇〇）年の項目のなかに、「大神社鳴動《めいどう》」、あるいは「大神社宝殿鳴動」の記載があるが、ここで言う宝殿が拝殿をさすのか、それとも禁足地内にある神庫をさしているのか、それが判然としない。

大神神社の宮司であった中山和敬は、『大神神社』（学生社）のなかで、「その後の旧記を拾うと、中古・花園天皇の御代、文保《ぶんぽう》元年（一三一七年）に拝殿御造営が行なわれ、以後、室町時代にはしばしば修繕が加えられ」たと述べている。大神神社のホームページでも、拝殿の創建は鎌倉時代としており、文保元年にそれが設定されている。

鎌倉時代にはじめて拝殿が創建されたということは、それ以前の段階では、本殿ばかりか、拝殿もなかったことになる。拝殿の奥には、禁足地とのあいだを結界するために、大神神社特有の三ツ鳥居が建っているが、拝殿の創建以前、建っていたのはその鳥居だけだった可能性がある。

実際、嘉禄《かろく》二（一二二六）年の「大三輪鎮座次第」では、「当社古来無宝殿。唯有三個鳥居而已」と記されている。宝殿が拝殿であるなら、やはり大神神社には三ツ鳥居しか建っていなかったことになる。さらに、平安時代の歌学書である『奥義抄《おうぎしよう》』には、「このみわの明神は、社《やしろ》もなくて、祭の日は、茅の輪のみつくりて、いはのうへにおきて、それをまつる也」と記されている。

岩の上とは、三輪山の山中にある磐座《いわくら》のことである。三輪山全体は神域として禁足地になっているが、その頂上近くに奥宮として高宮《こうのみや》神社があり、そこまでは摂社である狭井《さい》神社の脇から登ることができる。登っていく途中には、中津磐座があり、高宮神社の奥には奥津《おきつ》磐座がある。茅の輪は、そのどちらかの磐座の上におかれたことだろう。

もともと、出雲神社にしても、大神神社にしても、御神体としての山があり、その麓に鳥居が建てられているだけで、社殿はまったくなかったと考えられる。それが、鎌倉時代になると社殿の創建ということが行われた。おそらく、出雲神社の場合には、本殿が設けられ、大神神社では拝殿だけが設けられたのであろう。

伊勢神宮の場合にも、正殿しかなく、拝殿はない。出雲大社も、現在では拝殿が設けられているが、参拝者は、拝殿の背後に回り込み、八足門《やつあしもん》のところで礼拝をする。宇治上神社も、拝殿はあるが、やはりその背後に回り込み、本殿の前まで行くことができる。おそらく、拝殿というものが設けられるようになったのは、後の時代になってからのことだろう。

私たちは今、神社においては御神体が本殿に祀られ、それを拝殿から拝むということが基本的な神道の礼拝の仕方であると考え、実際にそういう形で神に祈りを捧げている。

しかし、そうした形がとられることによって、神と人との距離は大きくなり、参拝者は、直接神と交わっているという感覚を抱けなくなっている。

本殿も拝殿もない神社において、あるいは、その神社に本殿も拝殿もない時代において、そこに磐座があれば、祭祀は磐座のところで営まれていたのだった。

では、どのような形で磐座での祭祀は営まれたのだろうか。

残念ながら、それについて明らかにしてくれる直接の史料は存在しない。

大神神社の場合、考古学的な史料についても、磐座のある三輪山が禁足地になっているため、発掘調査は行われていない。ただ、昭和三〇年代に、三ツ鳥居の工事が行われた際や、禁足地の脇で水道管の敷設工事が行われたときに、子持ちの勾玉《まがたま》や土器の破片などが発見されているので、三輪山の磐座の周辺を発掘すれば、多くの遺物が発見される可能性がある。

実際、三輪山への登山口がある狭井神社の東北には、山ノ神遺跡があり、そこには露出していた磐座の下から大量に遺物が出土している。そのなかには、小型素文鏡、碧玉製勾玉、水晶製勾玉のほか、鉄製品や石製品、盃、臼、杵、箕《み》、台などが出土している。

大神神社の祭神は酒の神とも伝えられており、臼、杵、箕は酒造りで使われる道具である。そうした道具を用いて醸造された酒が祭祀で用いられた可能性も考えられるし、鏡や勾玉といった他の遺物も祭祀で使われた可能性が考えられる。おそらく、祭祀を営む際には、磐座のところに臨時に祭壇が設けられ、そこで出土した品々が用いられたのであろう。ただし、それがどのように使われたかまでは分からない。

沖ノ島で挙行された磐座での祭祀

これは、宗像大社の沖津宮のある沖ノ島の場合も共通している。

沖ノ島は、「オイワズサマ」と呼ばれ、この島で見聞したことについては口外してはならないというタブーがあった。ただ、一九五四(昭和二九)年から、地元宗像の出身である出光興産の創業者、出光佐三《さぞう》を会長とする宗像大社復興期成会が主宰した発掘調査が行われており、八万点におよぶ遺物が発見されている。

その遺物のなかには相当に豪華なものが含まれており、その点から大和朝廷にかかわる儀式であった可能性が浮上する。しかも、発掘調査の報告書によれば、「一祭祀一祭場という一回限りの祭祀遺跡」とされており、当時としては相当に豪華で高価な品々が惜しげもなく用いられて、祭祀が営まれ、終わると、そうした品々はその場に打ち捨てられ、二度と使われることはなかったことになる。

出土品は、四世紀から一〇世紀に及んでおり、祭祀は古墳時代から平安時代まで続けられたことになる。平安時代になれば、当然、文献史料が残されていても不思議ではない

島全体が宗像大社の境内（沖津宮）である沖ノ島　撮影／yukihito MASUURA

が、今のところそれは発見されていない。貴族の日記などにも記載がないということは、沖ノ島の祭祀がひっそりと秘密裏に行われていたということなのだろうか。

沖ノ島には、磐座となる巨岩がいくつもあり、発掘調査を行った調査隊は、そのうち一三の岩を選び出し、それをAからMまでのアルファベットで呼んでいる。そのなかで、I号巨岩とJ号巨岩の周辺からは、鏡や鉄剣、鉄刀など古墳時代中期初頭の遺物が発見されている。

ただ、祭祀が行われた場所は、四世紀後半から五世紀にかけては岩の上で、次に五世紀後半から七世紀にかけては岩陰で行われた。岩陰で祭祀が行われた時代の出土品としては、金銅製の馬具類や金製の指輪のほか、盾や挂甲、刀剣・矛のほか、ササン朝ペルシア製のガラス碗も含まれている。シルクロードを経由してもたらされたものである。

それが七世紀後半から八世紀前半にかけては、半露天・半岩陰での祭祀に変わり、出土品は土器や金属製の祭具が中心になる。なかには、唐三彩の長頸瓶《ちょうけいへい》や対になった金銅製竜頭《りゅうとう》なども発見されている。漁師のあいだでは、巨岩のある場所は「黄金の谷」と伝えられてきたが、それもこの時代の出土品をもとにしてのことだろう。

そして、八世紀から一〇世紀初頭にかけての最後の段階では、露天での祭祀となり、日本で鋳造された銅貨や奈良三彩、滑石製の形代《かたしろ》や土器類が発見されており、出土品が海外で作られたものから、国内製に転換した可能性が示されている。

沖ノ島でどういった祭祀が行われたのかについては、一つ興味深い仮説が提起されているのだが、それについては、『古事記』にふれる次の章で取り上げたい。

ともかく、沖ノ島の祭祀は、秘密裏に挙行され、しかも、島のなかでは巨岩の陰で行われていた時期がある。なぜ祭祀の場所が、岩の上から、岩陰、そして半岩陰・半露天から露天へと変遷していったのか、その理由は明らかではないが、古代の人々は、岩のある場所こそが神と出会うのにもっともふさわしい場所と考えたことは間違いないだろう。少なくとも、これだけの規模で豪華な祭祀が、磐座で行われたことの意義は見逃すことができない。

岩や石は、他の国や民族においても、信仰の対象になっている。イギリスのストーン・サークルやイースター島のモアイ像などは、その代表である。

しかし、そうした海外の岩や石の場合、自然の状態のままではなく、加工が施されている。あるいは、一定の意図をもって配置されている。

ところが、日本の磐座は、加工されていない。三輪山の磐座の表面をよく見ると、溝になった細い線の跡を見出すことができる。あるいはそれは、縄などを用いて、岩を動かした跡なのかもしれない。その点は明らかにされていないが、人の手がかかっているのはそれくらいである。

神は閉じられた空間にこそ現れるのか

古代の日本人は、なぜ岩や石を神聖なものととらえたのだろうか。彼らはそこに何を感じたのであろうか。そうした心性は、今の私たちにも受け継がれているようにも思えるが、神聖さを感じる原因を明確に説明することは難しい。

あるいは、神殿に神を祀るようになるのも、磐座の陰で祭祀を行ったときの記憶が生きてのことかもしれない。神は、空間的に閉じられたところにこそ現れる。私たちは大昔から、そのように考えてきたのかもしれないのである。

ただ、磐座での祭祀は、沖ノ島の例に見られるように、臨時に祭壇を設けて行われ、そこで使われたものはそのまま放棄された可能性が高い。しかも、沖ノ島では、同じ場所では祭祀が続けて行われず、場所を変えて行われたように見える。岩の上から場所が変遷していったのも、あるいは、一度も祭祀に使われていない場所を求めてのことであったかもしれない。

ところが、神社の神殿に神が祀られるようになると、神はそこに常に存在しているというとらえ方がされるようになる。私たちが神社を訪れて拝殿の前で礼拝するのも、本殿に神が鎮座していることを前提にしてのことである。

しかし、古代の祭祀のあり方からすると、神は祭祀をするたびに、祭祀を行う場所に高《たか》天原《まがはら》から呼び出されているようにも見える。祭祀は、通常は神が祀られていない場所に臨時に祭壇を設けて営まれた。祭祀が終われば、神はまた高天原に去り、その空間も非日常の場から日常の場へと戻っていく。少なくとも、神はその場に常にあるわけではないのである。

こうした古代における神の祀り方から考えると、果たして神は神社の社殿に常にいると考えていいものだろうか、それが問題になってくる。あるいは、神殿というものは、祭祀を行うたびに神が降臨する空間であると考えることもできる。そこに御神体があれば、そのたびにそこに宿るのである。

神殿は指定席のようなものであり、ほかの神がそこに降臨することはない。それもまた、考えてみれば不思議なことである。あるいはそこに、もっと重要な意味が潜んでいるようにも感じられるが、それは追々解明していかなければならない事柄である。

第二章　怖れられた皇祖神・天照大神

「秘儀の島——神話づくりの実態」の重要性

日本人の神の問題を考える上で、私にとって忘れ難い大学の講義がある。それは、私が大学三年と四年のときに履修した「民俗学」という講義である。

同じ名称の講義を二年続けて正規に履修することができたのかどうか、そのあたりの記憶ははっきりしない。もしかしたら、四年のときは、たんなる「もぐり」だったのかもしれない。

しかし、その講義においては、もぐりという存在は決して珍しいものではなかった。講義は東京大学の本郷キャンパスで行われたものだが、学生の半分くらいは、ほかの大学から来ていたのではないだろうか。そんな記憶がある。それほど、その講義は当時の大学生を刺激するものだったのである。

講師は、東大の教授ではなく、法政大学の教授だった益田勝実先生である。先生は、一九二三年の生まれだったから、その講義を行ったときには、五〇代になったばかりだったことになる。研究者として脂の乗った時期ではなかったかと思う。

その講義でどういった話がなされたのか、詳しいことは覚えていない。何しろ私は、どの講義を受けてもノートを取るということがほとんどなかったので、「民俗学」についてもノートが残っていない。今になってみると、それは随分と残念なことをしたように思えなくもない。だが、幸いなことに、益田先生は私が講義を受けた翌年の一九七六年、筑摩書房から『秘儀の島——日本の神話的想像力』という本を刊行しており、そこには、講義で出た話があらかた盛り込まれている。

この本は論文などを集めたもので、「神異の幻想」からはじまって八本の論文がおさめられている。そのなかで何より重要なのが、もとは雑誌『文学』に一九七一年四月から六月まで連載された「秘儀の島—神話づくりの実態」であった。この論文のタイトルが本でも使われているところに、論文の重要性が示されている。

私は、「民俗学」の講義のなかで、この論文に記されていることについて話を聞かされ、衝撃を受けた。それは、すでに第一章でふれた沖ノ島についてのことなのだが、そんなことが本当にあるものなのかと、狐につつまれたような気分でもあった。

東大の文学部の授業時間は一時間五〇分だった。今では変わったかもしれないが、二時間弱というのはかなり長い。現在の大学では一時間半が標準的な授業時間である。

それだけ長い時間であったにもかかわらず、益田先生は授業時間いっぱい話をした。多くの先生たちが、遅めにやってきて、早めに切り上げたのとは対照的だった。しかも、先生は非常勤講師である。ほかに、時間いっぱい講義された先生は、駒場の一般教養で履修した「哲学史」を担当された井上忠先生だけだった。この二人の先生は、とにかく話したいことが山ほどあり、なんとしてもそれを学生たちに伝えたいという情熱にあふれていた。どちらも、教育者の鑑である。

これからは論文をもとにして書いていくことにするが、「秘儀の島」は、古代の沖ノ島でどういった祭祀が行われていたのかを分析した論文である。主な分析の対象となったのは、調査隊によってD号巨岩と呼ばれた岩の陰にある七号遺跡である。

益田先生は、調査隊に加わったわけではなく、調査報告書をもとにして論文を書いている。坂本経堯《つねたか》・原田大六両氏による報告書においては、七号遺跡が、中央部と東西両部の三部に区分され、それぞれの部にどういった遺物が残されているのかが示されている。益田先生は、それを踏まえて、次のように述べている。

こうした考古学者の謙抑《けんよく》の態度で貫かれている報告に、ほしいままの妄想を添加することを避けるのが、読み手の礼儀であろう。ではあろうが、すでに、坂本・原田両氏が思い浮かべているところの、西側は馬具中心の供献品、東側は挂甲・矛・剣・盾中心の供献品、そして中央が鏡・玉・刀類の神の依り代という祭りの庭の具体像、刀身の中心部が中央に多く、切っ先部が西側に多い、ということは、それ以上の想像を掻き起こさずにはおかない。もっと悪いことに、中央部の玉の集積は、実に判然と三箇所に分けられてさえいる。

「もっと悪いことに」という表現が面白い。ここには、益田先生が報告書に目を通したときの驚きがそのままつづられているように思える。

『古事記』での「誓約」の場面

その上で先生は、『古事記』を引用する。亡くなった母親の伊邪那美命《いざなみのみこと》に再会しようと根《ね》の堅州国《かたすくに》へ下ろうとする速須佐之男命《はやすさのおのみこと》が、天にのぼり、姉の天照大御神《あまてらすおおみかみ》（天照大神）に暇乞《いとまご》いをする場面である。

これは、「誓約《うけい》」と呼ばれる場面だが、天照大御神は、弟の真意を疑い、高天原を奪いに来たのではないかと考える。そこで、弟に邪心がないことを証明させるために、互いに子を生んでみることを提案したのだった。

天照大御神の方は、須佐之男命から剣を受けとって、それを嚙み砕き、吹き出した息の霧から、宗像《むなかた》大社の祭神である三柱《みはしら》の女神、「宗像三女神」を生む。

一方、須佐之男命の方は、天照大御神から珠を受け取り、それを嚙み砕いて、やはり吹き出した息の霧から正勝吾《まさかつあ》勝勝速日《かつかちはやひ》天之《あめの》忍穂耳命《おしほみみのみこと》以下五柱《いつはしら》の男神が生まれる。この神は、葦原中国《あしはらのなかつくに》が平定されたとき、天照大御神から中津国を治めるよう命じられたにもかかわらず、それを拒否する。ただし、その子の邇邇《にに》芸命《ぎのみこと》が天降る。いわゆる天孫降臨の物語である。

益田先生は、誓約の伝承に大和朝廷の政治的配慮が働いていることに言及した後、それが「古墳後期前半の沖の島七号遺跡の遺物分布状況が物語るものとの間に、奇妙な符合を見せる」と述べ、どう符合しているかを確認していく。そして、ついには、「これは、スサノオが高天が原へ上ってきたのを防ぐため、武装して出てきたアマテラスが、天の安の河原で対峙している光景そのものではないか」と結論づけているのだった。

ただ、先生は、「D号巨岩の岩蔭の七号遺跡にありありと神話劇の化石を見出しているわたしは、なにかに惑わされているのかもしれない」と、その符合に対して戸惑いを隠していない。いったいいつ益田先生が、このことに気づいたのか、その話が講義のなかで出たのかどうかは記憶にないが、少なくとも論文では述べられていない。

そして先生は、戸惑いを振り切るために、同じD号巨岩の反対側にある八号遺跡の出土状況を確認していく。八号遺跡では盗掘された部分があり、はっきりとはしないのだが、それでもそこには、七号遺跡で見たことと類似した形跡があることは、「事実の重みとして、無視することができない」としている。

これが事実であれば、沖ノ島では、『古事記』に伝えられた神話をシナリオとして、天照大御神と須佐之男命の誓約の場面が、少なくとも二度演じられたことになる。

ただし、『古事記』は八世紀初頭に編纂されたものであり、一方、七号遺跡での祭祀は六世紀後半、八号遺跡は六世紀末に遡るものと推定される。

となれば、沖ノ島の祭祀の方が、そのシナリオであるはずの『古事記』よりもはるかに先行したことになる。益田先生は、それを「わたしの推測を決定的にはばもうとするもの」としてとらえているのだが、私はむしろ、逆ではないかと思う。

創造神話を実際に儀礼として演じる

『古事記』が成立したのは、和銅五（七一二）年のことで、天武天皇の命令によって、稗《ひえ》田阿礼《だのあれ》という人物が記憶していた天皇の系譜である『帝皇日《すめらみことのひ》継《つぎ》』と古い伝承の集まりである『先代旧辞《せんだいのくじ》』を太安万侶《おおのやすまろ》が書き記し編纂したものとされている。これは、『古事記』に記されていることが、文字化される前に、口伝えされていたことを示している。それは、どの民族の神話についても起こったことで、『古事記』に記されている伝承は、和銅五年よりもはるかに遡るものなのである。

となれば、沖ノ島の七号遺跡や八号遺跡で行われた祭祀は、口伝えされてきた伝承にもとづいて営まれた可能性がある。そうであれば、やはりシナリオである神話が先行したことになり、益田先生の懸念は解消されることになる。

益田先生の示した仮説に、私がとくに強く刺激されたのは、神話として記憶されていた事柄が、実際に祭祀として演じられたとするなら、それは、宗教史家のミルチア・エリアーデが説いてきた、世界を再生させるために創造神話を実際に儀礼として演じるのだという主張が裏づけられることになるからである。

私は宗教学を学ぶなかで、講義を受けた時点では、エリアーデの著作をすでにいくつか読んでいた。エリアーデは、『永遠回帰の神話—祖型と反復』(堀一郎訳、未來社)などで、そうした仮説を展開していた。沖ノ島の祭祀についての益田説が正しいなら、エリアーデの仮説も有力な証拠を得たことになる。

もちろん、益田先生の説がその後証明されたというわけではない。それは、文献史料のない時代についての話であり、その当否を証明することは不可能に近い。したがって、その説は永遠に仮説ということになるかもしれないが、それが発表されてからすでに四五年の歳月が流れようとしている。依然としてこの益田先生の読みが強い魅力をもっていることは否定できない。

しかし、これは益田先生も疑問としてあげていることでもあるのだが、なぜこうした神話を祭祀として演じるという行為は、玄界灘の絶海の孤島である沖ノ島で営まれたのだろうか。益田先生は、「なぜ、大和でしないのか、出雲でしないのか」と述べていた。

しかも、沖ノ島でこうした祭祀が行われていたこと自体についての記録はない。『古事記』にも、『日本書紀』にも、まったく言及されていないのである。

いったいそれはどういうことなのだろうか。沖ノ島の祭祀は、そこで使われたさまざまな祭具の豪華さから考えて、大和朝廷が行ったとしか思えない。しかも、益田説によれば、それは、『古事記』の伝承の儀礼化である。沖ノ島でそれを行わなければならない必然性はない。

だが、むしろそれは、大和からはるかに離れた絶海の孤島でしか営むことができなかった祭祀であるのかもしれない。今の私はそのように考えている。それは、なぜなのか。この章で考えてみたいのはそのことである。

神と出会うという根元的な恐怖

現代の私たちにとって、神という存在はそれぞれの神社に祀られているものであり、神社へ出かけていって礼拝や祈願を行うものである。神社によっては深い森が形作られており、日常の世界では感じることがない特別な感覚に襲われることもある。神社の境内には、たしかに神の気配がある。

現代の私たちでもそうした感覚をもつのだから、古代の人々にとっては、神という存在はよりリアルなものであったはずだ。第一章で、神を祀るという行為の意味を考えてみたが、磐座で祭祀が行われていたとき、そこに臨んだ人々は、祭祀を行うことによって、その場に神が実際に臨在するのを感じたはずだ。逆に、その感覚を得られないときには、神が臨在せず、祭祀は失敗したと考えられたことであろう。

古代の人々が沖ノ島で、益田先生の説が示すように、やがて『古事記』に書き記される天照大御神と須佐之男命の誓約の場面を演じたとするなら、そのとき、天照大御神なり、須佐之男命なり、さらには宗像三女神なりに扮したであろう（神話劇なら必ずやそうしたはずだ）人々は、自分がそうした神そのものに変容したと感じたのではないだろうか。おそらくそこには、その場面全体を見守る演出家的な役割を果たす人間もいたはずだが、その人間は、目の前に実際に神々があらわれて、はるか昔に行われたことがそのまま演じられたと感じたことであろう。

少なくともそれは、たんなる演技とは思われなかったはずだ。たんに演じるということであるなら、わざわざ絶海の孤島に、当時としては簡単には得られない貴重な品々を持ち込んで、祭祀を営んだはずはない。神と実際に出会うことができるという確信がなければ、島に渡るだけでも命の危険を感じなければならない行為を実行に移すとは考えにくい。

もし、七号遺跡や八号遺跡で行われたことが、創造神話を演じることによって、世界を更新するという目的を伴うものであったとしたら、それは、年のはじめに行われた可能性が高い。年のはじめとすれば、それは真冬である。真冬の玄界灘は荒れる。たとえいくら荒れたとしても、新しい年の訪れを逃すことはできなかったのだ。

そう考えると、沖ノ島の祭祀は、祀り手たちの命をかけて行われたことになる。しかし、そうした現実的な命の危険ということだけではなく、神と出会うことによって生じる根源的な恐怖の方がはるかに大きかったのではないか。

神を演じたのではなく、神そのものになった人々は、果たして無事だったのだろうか。神に変容することによって、精神に異常を来すということもある。あるいは、誓約の場面は天照大御神と須佐之男命の姉弟が戦った場面である。遺跡には、刀の切っ先が飛び散った跡さえある。その場面を演じること自体が身体的にもかなりの危険を伴うものであった。

そうしたさまざまな危険を冒してまで、なぜ古代の人々は沖ノ島で国家的な規模での祭祀をくり返さなければならなかったのだろうか。益田先生にも、その謎まではうまく解明できていないように思われる。

最初の「皇祖神」は誰か

天照大御神は、一般に太陽神であり、女神であると考えられている。天照という呼称が太陽のことを思わせるし、天岩戸隠れの話は、日蝕や太陽が沈み、またあらわれることをもとにしていると考えられ、その点でも太陽神ととらえることができる。

女神である点は、須佐之男命が高天原に現れたとき、天照大御神が「我《あ》がなせの命」と呼んだところに示されている。「なせ」とは、汝兄と書き、女性が男性のことを親しみをこめて呼ぶときの言い方である。そう呼びかけた天照大御神は女性でなければならない。

そして、誓約の場面で生まれた天之忍穂耳命《あめのおしほみみのみこと》の子孫が初代の天皇、神武天皇であるということで、天照大御神は皇室の祖先神、「皇祖神」と位置づけられている。天照大御神の造形にあたっては、女帝であった持統天皇や元明天皇の姿が投影されているのではないかという説もあるが、基本的には代々男系で伝えられていった天皇の祖先が女神とされている点は注目される。

その天照大御神は、誓約の場面において、弟須佐之男命の前に武装して現れる。そして、誓約の場面の後は、天岩戸隠れの話へと続いていくのだが、次に天照大御神が登場するのは、天忍穂耳命（天之忍穂耳命）を豊葦原之《とよあしはらの》千秋長五百秋之《ちあきのながいほあきの》水穂国《みずほのくに》、つまりは地上に降臨させる場面においてである。天照大御神は、天忍穂耳命に水穂国を支配させることにするが、天忍穂耳命は地上が騒がしいのを見て、戻ってきてしまう。

その後、天菩比神《あめのほひのかみ》、天若日子《あめのわかひこ》などが遣わされるが、地上をうまく治めることができない。そこで天照大御神は、建御雷之男神《たけみかづちのおのかみ》を遣わして地上を平定し、さらに高御産巣日神《たかみむすひのかみ》の命令によって、邇邇芸命を遣わし、それで地上を治めることに成功するのだった。

高御産巣日神は、『古事記』のなかで高木神とも呼ばれているが、その冒頭で、天地が分かれ、高天原に神々が現れたとき、天之《あめの》御中主神《みなかぬしのかみ》についで二番目に登場した神である。ただし、対偶神をもたない独神であり、すぐに身を隠してしまう。

ところが、天孫降臨の場面にふたたび登場し、天菩比神や天若日子を地上に下す際には、天照大御神とともに神々と相談を行っている。邇邇芸命の降臨に際しては、天照大御神以上に主導的な役割を果たしている。さらに、後に神武天皇が大和へ侵攻する場面においては、高倉下《たかくらじ》という臣下の夢に、天照大御神とともに現れている。こうしたことから、歴史民俗学者の岡正雄や古代文学者の松前健などは、高御産巣日神こそが最初の皇祖神だったのではないかという説を立てているわけだ。

三輪山の信仰世界

これは『古事記』ではなく、『日本書紀』に出てくるものだが、次のような話がある。

第一〇代天皇の崇《す》神《じん》天皇五年、国内で疫病が流行し、多くの人間が死に、同六年には百姓が離散し、背く者も出てきた。そこで、宮中において天照大神と倭大国魂神《やまとのおおくにたまのかみ》の二つの神をともに祀っていたのがさまざまな禍の原因であるとされ、この二つの神を宮廷の外に祀ることになる。

天照大神については、豊鍬入姫命《とよすきいりびめのみこと》に預けられ、倭《やまと》の笠縫邑《かさぬいのむら》に祀られた。一方、倭大国魂神については、渟《ぬ》名《な》城入姫命《きいりびめのみこと》に託されることになるのだが、この姫は髪が落ち、やせ衰えて神を祀ることができなかった。

崇神天皇については、実在の可能性があるもっとも古い天皇という説もあるが、その生存は三世紀から四世紀はじめのことと推定されており、もちろんのことはっきりとしたことが分かっているわけではない。

ただ、ここで注目されるのは、当時の宮中（『日本書紀』では天皇の「大殿《みあらか》」と呼ぶ）において、天照大神とともに倭大国魂神が祀られており、疫病などの原因が、この二つの神を同時に祀っていることに求められている点である。

同時に祀っていることが原因なら、片方の神だけをほかに移せばいいということにもなるが、両方の神が同時に宮中から追い出され、別のところで祀られるようになる。しかも、倭大国魂神の方は、それを祀ろうとする人間を衰弱させてしまうほどの恐ろしい力を発揮しているのである。

そこで天皇が浅茅原《あさじがはら》というところへ出向いて、神々に対して占いを行うと、第七代天皇の孝霊《こうれい》天皇の皇女、倭迹迹日《やまとととび》百襲姫命《ももそひめのみこと》が神憑《かみがか》りして、大物主神《おおものぬしのかみ》のことばを伝える。自らの子、大田田根子《おおたたねこ》によって自分を祀らせれば、国は治まるというのである。

さらに三人の人物が同じ夢を見るが、その内容は、大田田根子によって大物主神を祀らせ、市磯長尾市《いちしのながおち》をもって倭大国魂神を祀らせれば、「天下太平《あめのしたたいら》ぎなむ」というものだった。そこで、大田田根子という人物を探し出して、大物主神を祀らせ、市磯長尾市にも倭大国魂神を祀らせると、夢のお告げの通り、疫病は終息し、国内はようやく鎮まったというのである。

実は、益田勝実先生の「民俗学」の講義において、この大物主神を祀る話も取り上げられていた。『秘儀の島』の本でも、それは「モノ神襲来」という論文のなかで論じられている。

大物主神は、それ以前にも倭迹迹日百襲姫命に神憑りしたことがあり、その際には、自分は「倭国の域《さかい》の内に所居《お》る神」であると告げていた。そして、大田田根子は、大物主神と活玉依媛《いくたまよりびめ》とのあいだに生まれたとされるのだが、これは、いわゆる「三輪山説話」に結びついていく。

この三輪山説話については、『古事記』の方に記されており、それは神婚説話になっている。活玉依毘売（活玉依媛）のもとには、夜な夜な男が通い、ついに姫は身ごもる。そこで、男の素姓を知ろうとした両親は、麻糸を通した針を活玉依毘売の着物の裾に刺させ、翌朝、糸をたどっていくと、それは三輪山に行き着き、神の社にとどまった。そこから、男の正体が三輪山の神であったことが分かったというのである。

三輪山の信仰世界については、すでに第一章でふれた。大神神社の祭神は、今でも大物主大神である。それは、古代から変わらないということになる。

大物主が三輪山に祀られる経緯は、『古事記』に記されている。

天地開闢《かいびやく》のときに、天之御中主神《あめのみなかぬしのかみ》と高御産巣日神《たかみむすひのかみ》に次いであらわれた神が神産巣日神《かみむすびのかみ》で、この三柱の神は、「造化の三神」とされるが、神産巣日神の子が少名毘古那神《すくなびこなのかみ》であった。少名毘古那神は、大国主が国造りを行っていたとき、それを手伝っていたのが、途中で常世の国に去ってしまった。

そのため、大国主は、この先どうやって国造りを進めていっていいのか思い悩むのだが、そのとき、海の彼方から光り輝く神が現れ、自分を大和の三輪山に祀るように求めてくる。大国主が、その神に正体を尋ねると、「我は汝の幸魂奇魂《さきたまくしたま》なり」という答えが返ってきた。

古代においては、一つの霊は四つの魂をもつと考えられており、それが、和魂《にぎみたま》、荒魂《あらみたま》、そして、和魂を構成するともされる幸魂《さきみたま》と奇魂《くしみたま》であった。幸魂は人に幸を与える霊の働きであり、奇魂は不思議な神霊の力を意味する。それからすれば、大国主の前にあらわれたのは、大国主自身ということになるが、『日本書紀』の一書では、大国主の別名として大物主があげられ、大神神社の社伝では、大国主が、自らの和魂を大物主として祀ったとされている。

この関係はなかなか複雑で、錯綜した部分もあるが、はじめ宮中で祀られていた倭大国魂神は、大田田根子によって三輪山に祀られ、大物主として信仰されることになる。

崇神天皇の都は、『日本書紀』によれば、磯城瑞籬宮《しきのみずかきのみや》にあったとされる。それは、現在の奈良県桜井市金屋と推定されているが、金屋は三輪山の麓にある。倭大国魂神は、宮廷の外には出されたものの、すぐ近くで祀られたことになる。

天照大神と伊勢の国

一方、天照大神の方は、豊鍬入姫命《とよすきいりびめのみこと》に預けられ、倭の笠縫邑に祀られる。問題はそれがどこかということである。多くの比定地があげられていて、はっきりはしないが、比定地のほとんどは桜井市周辺にある。したがって、天照大神の方も、最初は同じように宮廷の近くに祀られたことになる。

ところが、崇神天皇の後を継いだ垂仁天皇の二五年三月、天照大神の祀り手は、豊鍬入姫命から、垂仁天皇の第四皇女である倭姫命《やまとひめのみこと》に代わる。その際、たんに祀り手が代わっただけではない。倭姫命は、天照大神を祀る場所を求めて、大和国から近江、美濃を経て伊勢の国に至る。そのとき、天照大神は、「是の神風の伊勢国は、常世の浪の重浪《しきなみ》帰する国なり。傍国《かたくに》の可怜《うま》し国なり。是の国に居らむと欲《おも》ふ」とのたまい、伊勢に祀られることになるのである。

その後には、天照大神を祀る斎王がこもる斎宮が五十鈴川の川上に建てられ、そこが「磯宮」と呼ばれたとされる。そして、「即ち天照大神の始めて天より降《くだ》ります処なり」と述べられている。これだと、宮中にも、笠縫邑にも、天照大神は降っていなかったことになり、矛盾が生じてくるが、あるいはこの書き方には、天照大神と伊勢の国との密接なつながりを強調しようという意図が働いていたのかもしれない。

このことを、私たちはいったいどのように考えたらいいのだろうか。天照大神と倭大国魂神の二柱の神は、同じく宮中に祀られていたときには、さまざまな禍を引き起こしたので、ともに宮廷の外に祀られることになる。

ただ、倭大国魂神が宮廷の近くに祀られ、そのままであったのに対して、天照大神の方は、祀り手が代わり、それにともなって新しく祀る場所が求められた。しかも、祀り手である倭姫命は、いくつかの場所を遍歴し、最後に伊勢にたどり着いている。伊勢に祀られたのは、天照大神がその場所を気に入ったからだとされるが、そこは宮廷のある場所から相当に離れていた。

このことと、絶海の孤島である沖ノ島で、天照大神が登場する祭祀が営まれた可能性があることを合わせて考えると、天照大神という存在は、あえて遠ざけられたと見ることができる。もちろん、倭姫命が各地を遍歴し、伊勢にたどり着いたという物語が、どういった歴史的な事実を踏まえたものなのかはまったく分からない。しかし、天照大神が大和にあった都からはるかに離れた伊勢に祀られたという事実は動かし難い。

実は、今ここに記していることに思い至ったのは、伊勢神宮にかんして一つ重大な謎があると感じてきたからである。

それは、代々の天皇が長い間、伊勢神宮に参拝していなかったという事実である。明治に時代が変わり、明治二（一八六九）年三月には、明治天皇が伊勢神宮に参拝している。これが近代における天皇のはじめての参拝ということになり、その後、明治天皇は三度伊勢を訪れている。大正天皇は一度だけだったが、昭和天皇は皇太子時代を含め、一七回参拝している。

明治天皇の前に伊勢神宮に参拝した可能性があるのが、持統天皇である。そのことは、『日本書紀』に記されているのだが、可能性ということばを使ったのは、はっきりと参拝したとはされておらず、伊勢に行幸したとされているだけだからである。

行幸ということばは、天皇が各地を訪れたときに用いられるものだが、近代以前、神社に参拝したとき、直接天皇が社殿まで赴き、参拝するということはなかった。神社の近くにとどまり、代参が行われた。したがって、持統天皇が伊勢神宮を訪れていたとしても、参拝したと言えるのかどうか、はっきりとはしない。ただ、伊勢神宮の式年遷宮は、持統天皇の時代にはじまったとされており、天皇の伊勢への行幸が発表されたのは、第一回遷宮の翌々年（持統天皇六〈六九二〉年）のことだった。伊勢行幸が、遷宮がなったばかりの伊勢神宮をめざしてのものであったことは間違いないであろう。

ところが、伊勢行幸の発表は強固な反対にあう。反対したのは、三輪朝臣高市麻呂《みわのあそんたけちまろ》という人物で、大神神社の神主の家の人間だった。そこには、明らかに天照大神と大神神社の祭神、大物主との対立があり、高市麻呂としては、朝廷の祭祀の中心が伊勢に移ってしまうことを怖れたのであろう。彼は、行幸が農事を妨げることになると主張し、冠位を返上してまで、伊勢行幸を止めようとした。しかし、持統天皇は、行幸を強行した。

この高市麻呂による反対が功を奏したのか、それ以降、明治に入るまで代々の天皇は誰一人として伊勢神宮には参拝していない。そこには、天皇の祖先神であるはずの天照大神が祀られているにもかかわらずである。祭祀は、斎宮に任された形になり、それは南北朝の時代まで続いていった。

なぜ代々の天皇は伊勢神宮に参拝しなかったのであろうか。延喜式神名帳《じんみようちよう》では、宮中に三六座の神が祀られていたとされるが、そのなかに天照大神は含まれていない。しかも、京都の賀茂大社にも斎宮が定められるようになるが、そこには伊勢神宮の斎宮よりも高位の者が就任したのである。

それは、伊勢神宮がその格において賀茂大社の下に位置づけられていたかのようでもあるが、最初、天照大神は宮中で祀られていたという伝承がある。その点では、天皇にとって極めて重要な神としてとらえられていたことは間違いない。にもかかわらず、天照大神という存在は、宮中から遠ざけられ、代々の天皇も伊勢に近づきさえしなかったのである。

仲哀天皇の悲惨な生涯

なぜそうしたことになったのかについて、一つ注目される出来事がある。

それは、『古事記』において仲哀天皇《ちゅうあい》の事蹟を記した部分に出てくるものである。

仲哀天皇は第一四代の天皇で『日本書紀』ではおよそ九年間にわたって在位したとされているが、さまざまな点からその実在は疑わしいと考えられている。そもそも仲哀という呼び名からして、哀は「あわれ」という意味であり、とても天皇にふさわしい呼び名とは思えない。実際、その生涯は、かなり悲惨なものだった。

仲哀天皇の妻となったのが神功皇后《じんぐう》である。仲哀天皇の前で、神功皇后は神憑《かみがか》りし、神の託宣を下した。

その場面を、わかりやすいように福永武彦による現代語訳で紹介しよう。

この大后《おおきさき》、オキナガタラシヒメノ命〔神功皇后〕は、その時、神憑りになった。それは、タラシナカツヒコノ天皇（引用者注：仲哀天皇のこと）が筑紫の訶志比の宮にあって、熊曾の国を伐とうとしていた時のこと、神を招くために天皇が琴を掻き鳴らし、タケシウチノスクネノ大臣（引用者注：建内宿禰のこと）が、つつしみ清めた庭に控え

て、神のお言葉をうかがった。すると大后に神憑りして、神が教えさとして告げるには、

「西のほうに一つの国がある。金や銀をはじめとして、眼にまばゆいほどの珍しいさまざまの宝物が、その国には多い。私がその国を従わさせてあげよう。」

このように告げた。

筑紫の訶志比《かしい》の宮とは、現在の福岡県福岡市東区にある香椎宮のことで、熊曾《くまそ》とは、九州南部にあって、大和朝廷に反抗していた人々のことである。

この神の託宣に対して、仲哀天皇は、「高いところに登って西の方を見ても、国らしいものは何も見えず、ただ大海に波のきらめくのが見えるばかりだ」と答えた。天皇は、この神が偽りを言ったと考え、ふたたび琴をかき鳴らそうとはしなかった。

すると、神は激しく怒り出す。「私の教えた国のみでなく、この国とても、汝の治めるべき国ではない。汝はこの世の国々ならぬ遠いかの国に一筋に行け」と命じてきたのだった。

そこで建内宿禰《たけしうちのすくね》が天皇に琴を弾くように促す。それで、天皇はしかたなく琴を弾きはじめるが、すぐに音が途絶えてしまった。周囲の人間たちが、どうしたのかと灯火で様子

を探ってみると、なんと天皇は息絶えていたのである。

これは、神の怒りの激しさを物語っており、一同は、天皇の遺体を殯宮《もがりのみや》に移すとともに、獣の皮を剝ぐ生剝《いきはぎ》や逆剝《さかはぎ》、あるいは近親相姦や獣姦といった「天つ罪」や「国つ罪」を犯した者がいないかなど、国中から罪人を探させ、その罪を祓う「大祓《おおはらえ》」を行った。

その上で、建内宿禰が清めた庭に控えて、神のことばをうかがうと、「すべてこの国は、汝、大后の胎の中にいます御子の、治めるべき国である」ということばが下った。

さらに建内宿禰が、その御子は男の子か女の子かと問うと、男の子だという答えが返ってきた。そこで、「ただ今、このようにお教え遊ばされる大神は、どなたさまでございまするか、そのお名前をうかがいたいと存じます」と問いかけた。

すると神は、「これはアマテラス大神の御心から出ている。これを取り行うのは、底筒男（ソコツツノヲ）・中筒男（ナカツツノヲ）・上筒男（ウハツツノヲ）の三柱の大神である」と答えた。この底筒男《そこつつのお》以下三柱の大神とは、大阪の住吉大社の祭神である。

そして、天照大神の御心から出ていると、その正体を明かした神は、「今まことにかの国を求めようと思うのならば、天神《あまつかみ》、国神《くにつかみ》、また山の神や海河の神々に、洩れなく幣帛《へいはく》を奉り、我等三柱の神の魂を船の上に祭り、木を焼いた灰を瓠《ひさご》［ヒョウタン］に入れ、また箸と皿とをたくさんに用意して、これらを大海の上に散らし浮べて海の神に捧げ、その上で海原を渡り行くがよい」と告げたのだった。

この神のことばに従って、軍隊が整えられ、神功皇后は海を渡って新羅の国まで攻め入っていく。新羅の側は、その勢いに圧されて、日本の朝廷への朝貢を誓ったとされる。そこで神功皇后は、新羅の国を馬を飼育する「御馬甘《みまかい》」と定め、百済の国についても、渡海を司る「渡屯家《わたりのみやけ》」と定めた。

これが、高句麗を含めた日本による「三韓征伐」の話になっていく。このとき、神功皇后は、神のことばにもあったように妊娠しており、その子は後に応神天皇となるが、この天皇には、「胎中天皇」の別名もある。母親の胎内にあったときに出陣した格好になっているからである。

「軍神」としての天照大神

『日本書紀』でも、同じ話が語られているが、話の内容は『古事記』とは異なっている。仲哀天皇は、神託のあった場でそのまま亡くなるわけではなく、その翌年に病に罹り、それで亡くなる。それについて、『日本書紀』は、「神の言《みこと》を用ゐたまはずして、早く崩《かんあが》りましぬ」と述べている。

また、神の正体を知ろうとしたときには、まず天照大神の荒魂と思われる神だということが判明し、さらに、大国主の息子の事代主神《ことしろぬしのかみ》や『古事記』と同様に住吉大社の三神であったことが明らかになるという話になっている。

仲哀天皇の前に、御心という形で現れた天照大神は、朝鮮半島に対する侵攻、侵略を促している。このことは、弟須佐之男命との誓約の場面を思い起こさせる。その場面に天照大神は武装してあらわれた。そこから、「軍神」としての天照大神というイメージが浮かび上がってくる。

しかも、天照大神は、自分の言うところに従わない天皇を、自らの子孫であるにもかかわらず、殺してしまった。仲哀天皇は、自らの祖先神によって命を絶たれたのである。旧約聖書の「創世記」に出てくるヤハウェの神は、ノアの方舟《はこぶね》の話に見られるように、自分が考えていたのとは異なり堕落してしまった人類を、洪水を引き起こすことによって一気に抹殺してしまった。

天照大神の行ったことは、それに比べれば、はるかにスケールは小さい。しかし、侵略戦争を実行に移せば、敵味方に多くの死傷者が出る。実際、神功皇后は、神に逆らうことはできず、朝鮮半島に侵攻している。

神話のなかで、天照大神が直接登場する場面は限られている。それぞれの場面については、ほとんどこの章でふれてきた。

天照大神は、たしかに天皇の祖先となる皇祖神ではあるが、天皇のために、あるいは一般の民のために何か好ましいことをしたかと言えば、そうした場面は出てこない。むしろ、武装し、戦争を勧め、自らに逆らう者の命を容赦なく奪ってしまう。その点では、恐ろしい神である。

おそらくはそれが関係しているであろうが、天照大神は祀っておくことが極めて難しい神である。ともに祀られた倭大国魂神とはぶつかり合い、疫病をもたらした。そして、祀り手も代わり、祀られる場所も変わっていった。最終的に伊勢に落ち着くが、物語の順番としては、その後に仲哀天皇をめぐる出来事が起こっている。その点では、伊勢に安住していたわけではないのである。

持統天皇が伊勢神宮の式年遷宮を定めた理由も、必ずしも分かっていない。式年遷宮の理由については、さまざまな説が出されているが、ここまで見てきたところからすると、社殿まで一新する式年遷宮を行わなければ、天照大神は鎮まってくれなかったのだと考えることができる。膨大な費用と手間をかけて式年遷宮が行われるのは、恐ろしい神である天照大神をなんとか鎮めるためだったのではないだろうか。

代々の天皇が、持統天皇を除いて、伊勢に行幸しなかったのも、天照大神を怖れてのことだったように思われる。天皇が、伊勢に近づけば、よからぬことが起こる。それは、仲哀天皇にまつわる物語が警告しているところである。

神を祀るという行為は、たんに信仰対象として崇め奉るということだけを意味しない。そこではやはり、鎮めるという側面が強い。伊勢という、大和から離れた場所が選ばれたのも、天照大神の放つ禍々《まがまが》しい力を避けようとしてのことではなかったのか。沖ノ島という絶海の孤島で天照大神が登場する祭祀が営まれたのも、同じ理由によるだろう。

日本人は、天照大神を怖れ、そこから距離をおこうとしてきた。実際、天照大神は、人々を怖れさせるようなことをくり返してきたのである。

第三章　戦慄すべき八幡神

「戦慄すべきもの」であり「魅するもの」

宗教学の古典的な著作に、ルドルフ・オットーの『聖なるもの』(久松英二訳、岩波文庫)がある。

これは、宗教の核心に、「聖なるものの経験」があることを論じたもので、合理的な観点からは解釈することが難しい宗教という現象の本質をとらえようとした試みである。

キリスト教の神学者であったオットーが、この『聖なるもの』を刊行したのは一九一七年のことである。日本では大正六年にあたる。オットーはプロテスタントの神学者で、当時は、宗教を合理的に、あるいは倫理的なものとしてとらえようとする傾向が高まっていた。

そうした時代風潮に対抗する形でこの本は執筆されたことになるが、オットーは、聖なるものを倫理的な善としてとらえる傾向は後の時代になって付け加えられたもので、むしろその本質は、非合理的な「ヌミノーゼ」ということにあると主張した。ヌミノーゼは、オットーの造語で、神霊を意味するラテン語の「ヌーメン」に由来する。オットーは、人間が何ものかを聖なるもの、つまりはヌミノーゼとして認識したときに、特殊な感情を経験することになるとしたのである。

その特殊な感情を相反する二つの性格を持つものとしてとらえたところに、オットーの議論の特徴がある。また、その著作が評価された点もそこにあった。オットーは、ヌミノーゼが「戦慄すべきもの」であると同時に「魅するもの」であるととらえたのである。

要するに、さまざまな宗教において信仰の対象となる聖なるものは、神や仏と言ってもいいわけだが、一方で、人を強く引きつけるものであると同時に、その一方で、人を激しく怖れさせるものだというのである。

聖なるものが人を怖れさせる典型的な例として、オットーがあげているのが、旧約聖書における神、ヤハウェの怒りである。オットーは、このヤハウェの怒りについては以前から注目されていたとし、それが倫理的な性格とは無関係で、「燃え上がる」ものであるとする。その現れ方は不可解で、予測がつかない気ままなものだというのである。オットーは、「それは、神的なものを合理的な特性を表わす用語で考えることにしか慣れていない者には、気まぐれで勝手な激情のように見えるに違いない」と述べている。ここには、オットーが宗教に対する合理主義的な解釈に対抗する意図をもっていたことが示されている。

たしかに、旧約聖書に登場するヤハウェは恐ろしい神である。その際には、人類の堕落ということが原因になっているのだが、ノアの方舟《はこぶね》の物語に見られるように、神は、ノアの家族などを除いて人類をすべて大洪水によって死滅させてしまう。神自らが人類を創造したにもかかわらずである。

もっとも信仰が厚いと評価されるアブラハムにまつわる逸話においても、あるいは、「ヨブ記」に記されたヨブについての逸話においても、神は、アブラハムやヨブの信仰を試すために過酷な試練を課していく。その試練は、アブラハムやヨブが、神の「気まぐれで勝手な激情」としてとらえても不思議のないものなのである。

アラビア語では、アブラハムはイブラーヒムと呼ばれるが、イブラーヒムに試練を課した神こそがアッラーであるとされる。なお、アッラーは、アラビア語で神を意味する普通名詞であり、固有名詞ではない。つまり、アッラーは神の名前ではないのである。

イスラム教の神は、そのメッセージを集めたコーランの各章において、「慈悲あまねく慈愛深きアッラーの御名において」という形で、その慈悲深さが強調されてはいる。だが、絶対的な力によって人間の運命をすべて定める存在であり、ときには、そのメッセージを伝えた預言者ムハンマドに多神教徒を一掃することを求める存在でもある。それは、コーランの第九章に出てくる（なお、この問題については、拙著『殺戮の宗教史』〈東京堂出版〉で詳しくふれた）。

オットーが強調するように、神というものは戦慄すべきものであり、恐ろしい存在なのである。

しかし、現代の日本に暮らす私たちは、そうした感覚を持っていない。私たちは、神という存在を、自分たちの願いをかなえてくれる好ましいものとしてとらえ、神を怖れるなどということはない。

それは、現在のように、神が立派な神社の建物に祀られ、神社の側も、そのご利益ばかりを強調しているからかもしれない。

だが、それは古代人の感覚とは明らかに違う。古代の人々は、神を祀るというときに、神の恐ろしさ、その戦慄すべき側面を十分に自覚していたはずなのである。

それは、前の章で見たことを考えてみればいい。天照大神は、自らの命じたことに従わなかった仲哀天皇の命を奪った。さらに天照大神は、倭大国魂神とともに祀られていた時代には、多くの禍をもたらした。だからこそ、宮廷のあった大和から遠ざけられ、伊勢に祀られたとも言えるわけである。天照大神が、オットーの強調する戦慄すべきものであることは間違いない。

今の私たちは、すっかりそのことを忘れてしまっている。だがそれでは、日本の神の本質に迫ることはできないのである。

そのことは、以下に見るように、神を祀る土着の神道と外来の仏教との関係について考える際にとても重要なことになってくるのである。

神道と共存する外来の宗教

もし仮に日本人が土着の神道しか知らなかったとしたら、日本の宗教世界は今日見られるほど複雑な展開を示すことはなかったであろう。

海を隔てているとはいえ、朝鮮半島や中国と近かった以上、そうした地域で栄えた宗教文化が日本に伝えられるのは必然的なことであった。実際、仏教だけではなく、儒教や道教も日本に伝えられた。そうした外来の宗教は、神道と共存する形で存続していった。日本における宗教文化の形成は、朝鮮半島や中国との交流から多大な影響を受け、それは、日本人の信仰する神にも及んでいったのである。

仏教の場合、日本に最初に伝えられた出来事は、「仏教公伝《ぶっきょうこうでん》」と呼ばれる。それは、『日本書紀』に記されたところでは、欽明《きんめい》天皇一三（五五二）年、壬申の年の出来事であったとされる。

ただ、聖徳太子の伝記で、天長《てんちょう》元（八二四）年以降に成立した『上宮聖徳法王帝説』などでは、欽明天皇の治世の「戊《つちのえ》午《うま》年」に仏教公伝が起こったと記されている。ところが、欽明天皇の時代には、戊午にあたる年がない。そのため、それにもっとも近い宣化《せんか》天皇三（五三八）年が候補に上げられている。

しかし、この二つの説のうちどちらをとるかでは決着がついておらず、他の年号を上げる説もある。要は仏教公伝の年代ははっきりしないのだ。

その点で、『日本書紀』などに記されたことをどこまで事実としてとらえてよいかが問題になるが、仏教を伝えたのは百済の聖明王《せいめい》で、その際には、金銅製の釈迦仏像一軀、幡蓋《ばんがい》若干、経論《きょうろん》若干巻が伝えられ、合わせて、仏教の教えがいかにすぐれたものかを記し、それを日本でも広めてくれるよう求める上表文《じょうひょうぶん》が伴っていた。

もっとも、その時代にはすでに渡来人が日本に来ており、平安時代の歴史書、『扶桑略記《ふそうりやくき》』では、継体《けいたい》天皇一六（五二二）年にやってきた司馬達止《しばたつと》という人物が、大和国高市郡において本尊を安置し、「大唐の神」を祀っていたと記されている。この大唐の神は仏教の仏と考えられる。なお、司馬達止は、法隆寺金堂の釈迦三尊像などを制作した仏師、鞍作止利《くらつくりのとり》の祖父とされる。これは、公伝以前に日本に仏教が伝わっていた可能性を示唆する。

仏教が伝えられた際に、欽明天皇は、「朕《われ》、昔より来《このかた》、未だ曾て是の如く微妙《くわ》しき法《のり》を聞くこと得ず」と、仏法について賛嘆し、献上された仏像についても「仏の相貌《かお》端厳《きらぎら》し」と、その端整な美しさに感激を覚えたとされる。

ただ、この仏という外来の神を祀るべきかどうかでは氏族によって見解が分かれた。蘇《そ》我《が》氏が仏法を受け入れることに積極的だったのに対して、神事に携わっていた物部《もののべ》氏や中《なか》臣《とみ》氏は反対し、両者のあいだで争いが起こったとも伝えられている。

もっとも、大阪府八尾市渋川の「渋川廃寺」は物部氏ゆかりのもので、仏法を採り入れることに反対したはずの物部氏が早い段階から寺を建立していた可能性が示されており、蘇我氏との対立が事実であったかどうかについて疑問の声もあがるようになっている。

重要なことは、その後、日本では仏教を排斥するような動きが起こらなかったことである。そうした動きは、明治維新に際しての「廃仏毀釈」までなかった。中国では、仏教が採り入れられて以来、くり返し廃仏が行われた。朝鮮半島でも、とくに李氏朝鮮の時代には、儒教が国教となり、仏教は圧迫された。廃仏毀釈によって廃寺になってしまった寺院もあるが、日本において仏教が今日まで受け継がれてきているのは、仏教を排斥しようとする動きがそれほど盛んではなかったからである。

「宗教」という概念は、近代に入って、ヨーロッパから伝えられたものであり（近代以前は、宗教は宗派の教えを意味した）、それ以前の日本について見ていくときに、それを使っていいかは問題になるものの、今日的な観点からすれば、神道と仏教は異なる宗教であり、両者は対立する可能性がある。

ところが、神道の場合には、特定の開祖をもたず、教義や教典が明確ではない「自然宗教」であるのに対して、仏教は、釈迦という特定の開祖をもち、明確な教義の体系を築き上げ、膨大な教典を有する「創唱《そうしょう》宗教《しゅうきょう》」である。その点で、両者は根本的に性格を異にしており、それゆえに対立することなく、融合し、共存してきたのである。

神道と仏教をつなぐ八幡神

一般に、異なる宗教が融合すると、「シンクレティズム」、日本語で言えば「諸教混淆」という事態が起こる。実際、中世以降に、神道と仏教は、「神仏習合」という形で融合することになり、両者は共存しながら歴史を重ねていくことになった。

その際に、神道と仏教をつなぐ役割を果たした存在があった。それが八幡神である。

拙著『なぜ八幡神社が日本でいちばん多いのか』でもふれたように、数ある神社のなかでもっとも多いのが、この八幡神を祀る八幡神社、あるいは八幡宮である。一九九〇年から九七年にかけて行われた「全国神社祭祀祭礼総合調査」によれば、八幡神を祀る神社は全国に七八一七社あり、二位の天照大神を祀る神明《しんめい》神社や神明宮、皇大《こうたい》神社の四四二五社を大きく上回っている。この八幡神を祀る総元締めとなっているのが、九州大分の宇佐《うさ》神宮である。宇佐神宮は、かつては宇佐八幡宮とも呼ばれており、この本では主にそちらの呼称を使う。

まず、私たちが注目する必要があるのは、今日ではこれだけの広がりを見せている八幡信仰だが、八幡神は、『古事記』や『日本書紀』にはまったく登場しない神だということである。その点で、八幡神は日本に土着の神ではないということになる。

しかも、八幡神は歴史の舞台に忽然と登場するのである。

最初に登場するのは、勅撰の歴史書で、延暦一六（七九七）年に完成した『続日本紀《しょくにほんぎ》』においてである。天平《てんぴょう》九（七三七）年に大和朝廷は朝鮮半島の新羅に使節を派遣するが、相手側に受け入れを拒まれたため、両国の関係は悪化する。そこで朝廷は、各地の主だった神社に幣帛《へいはく》を奉って、この出来事を奉告するのだが、そのなかに八幡が含まれていた。これが八幡神の初出である。

さらに、大宰府に左遷された藤原広嗣が叛乱を起こしたときにも、八幡に対して戦勝祈願が行われ、戦いに勝つと、新羅で作られた錦の冠や法華経などが奉納されている。

いったいなぜ八幡神が忽然と登場するかについて、はっきりとした理由は分かっていない。おそらく、何か具体的な事情があったものと思われるが、それを伝えてくれる史料は残されていないのだ。

次に、八幡神の存在を強く印象づける出来事が起こる。

それは、聖武天皇が、奈良の東大寺に大仏を建立したときである。大仏の建造は天平勝《てんぴょうしょう》宝《ほう》元（七四九）年一〇月に終わるが、一一月一日に、八幡神に仕えていた八幡大神禰宜《ねぎ》外従五位下大神杜女《おおみわのもりめ》と主神司《しゅじんし》従八位下大神《おおがの》田麻呂に大神朝臣《おおみわのあそん》の姓が与えられた。そして、一二月一八日に八幡神は平群郡《へぐりのこおり》に迎えられ、そこに梨原宮《なしはらのみや》という神宮が作られる。これが後の手向山《たむけやま》八幡宮である。

同月二五日に、八幡大神禰宜大神杜女は、孝謙天皇、聖武太上天皇などとともに東大寺の大仏を礼拝している。大神杜女は、八幡神の「よりまし」、つまりは神憑りするシャーマンであったと考えられる。梨原宮では、僧侶を四〇人招いて悔過《けか》法要が営まれている。悔過法要とは、自らの罪を懺悔して仏に許しを請うための仏教儀礼である。

その際に八幡神は、「神である自分が天の神や地の神を率いて、必ずこの大仏建立という事業を完成に導きたい。建立に使われる銅を扱いやすい水に変え、作業に使われる草や木や土に自分のからだを混ぜ込んで、あらゆる障害を取り除こう」という内容の託宣を下したとされる（『続日本紀』に引用された『八幡宇佐宮御託宣集』による）。

聖武天皇が呼びかけた大仏建立は、当時の日本の国家が総力をあげて取り組んだ大事業であり、現代で言えば、オリンピックや万国博の開催に匹敵するものである。それから三年が経った天平勝宝四（七五二）年には、大仏の開眼《かいげん》供養が盛大に営まれている。その時点では、まだ台座などができてはいなかったのだが、天平勝宝四年は日本に仏教が伝えられてから二〇〇年目に当たるということで、開眼供養が急がれた。この法要では、インド僧の菩《ぼ》提僊那《だいせんな》が導師をつとめるなど、国際色豊かなものとなった。その際に用いられた法具などは、正倉院に保管され、今日にまで伝えられている。

なぜ八幡神が大仏の守護を申し出ることになったのか、その背景が分かっていない。大仏建立が国家的な事業であるなら、むしろ皇祖神としての天照大神が伊勢から奈良にむかっても不思議ではないのだが、そうはならなかったのだ。

皇位に関する託宣を下した八幡神

八幡神の活躍はそれに留まらない。法相宗《ほっそうしゅう》の僧侶であった道鏡が、聖武《しょうむ》天皇の娘であった孝謙《こうけん》天皇（称徳《しょうとく》天皇）の寵愛を受けるようになると、神護《じんご》景雲《けいうん》三（七六九）年五月には、八幡神から道鏡を皇位に就けるよう託宣が下される。これは、八幡神の側からの働きかけで、天皇が求めたものではなかった。

ところが、称徳天皇は夢で、八幡神の使いから、その真偽をたしかめるために、出家して法均と号していた女官の和気広虫《わけのひろむし》を勅使として遣わすようにという託宣を下される。ただし、法均が病弱で長旅に耐えないことから、その弟の和気清麻呂が宇佐に遣わされる。

九月に宇佐から戻ってきた清麻呂は、正反対の内容の託宣を持ち帰る。これまで我が国では君主と臣下は厳格に区別されており、臣下が君主となった例はないので、皇統につらなる人間を皇位に就けるべきだというのである。これは、最初の託宣とは正反対の内容で、道鏡を皇位に就けることを否定するものだった。

この託宣を聞いた称徳天皇は、道鏡を皇位に就けようとしていたので、激怒し、清麻呂と姉の法均を流罪に処す。ただし、天皇は翌年に亡くなってしまったため、道鏡は下野《しもつけ》薬師寺に左遷、あるいは配流になってしまい、その野望は達成されなかったというのである。

これは、今日「宇佐八幡宮神託事件」と呼ばれるもので、『続日本紀』にその詳細が伝えられているが、果たしてこれが事実であるかどうかについては疑問の声もあがっている。出家である道鏡が皇位を継いだとしても、後継者が生まれない。称徳天皇との間に子どもを作るということも考えられるが、このとき、養老《ようろう》二（七一八）年生まれの天皇は五二歳で、とても子どもを生める年齢ではなかった。

事件の真相についてははっきりしないが、『続日本紀』に続く勅撰の史書である『日本後紀』巻八には、具体的に託宣がどのように下されたかが詳しく述べられている。

それによれば、清麻呂が宇佐に参宮したのは、その年の八月ということになっており、彼は宝物を奉った上で、天皇からの命令である宣命を読み上げようとした。ところが、禰宜であった辛嶋勝与曾《からしまのすぐりよそ》女《め》からはその宣命を聞くことを拒まれてしまう。

清麻呂が、そのことに不審を抱き、再度宣命を読み上げることを願ったところ、与曾女は八幡神を呼び出した。すると、清麻呂の前には、身の丈が三丈（九メートル）もある僧形の八幡神があらわれ、道鏡に皇位を継がせてはならないという託宣を下したというのである。

ここで、八幡神が僧形であらわれたという点は注目されるところだが、それについては後でふれることにする。

道鏡をめぐる事件の真相がどういったものなのかははっきりしない。しかし、ここで重要なことは、皇位に就く人間を選び出す託宣を八幡神が下したとされた点である。八幡神は、大仏建立という国家的事業で大きな役割を果たしただけではなく、国家の命運を左右しかねない重大な事件にもかかわったとされたのである。

天照大神と似ている「荒ぶる神」

では、この八幡神の正体は、いかなるものなのだろうか。

宇佐の八幡神にかんする史料としては、『宇佐八幡宮弥《み》勒寺《ろくじ》建立縁起』（『承和《じょうわ》縁起』）と

『八幡宇佐宮御託宣集』（『託宣集』）の二つがある。前者にある弥勒寺とは、宇佐八幡宮にあった神宮寺のことで、現在では廃され、境内にはその跡だけが残されている。

前者が『承和縁起』と呼ばれるのは、その末尾に承和一一（八四四）年六月一七日の日付が記されているからだ。ただし、そのときの文書はそのままは伝えられておらず、一五世紀末に書写されたものが伝えられている。『託宣集』の方は、鎌倉時代末期に成立した。

神社の縁起や社伝といったものは、その由来を古くしようとする傾向が強く、そこに書かれていることをそのまま事実として受けとるわけにはいかない。その点で、この二つの史料を扱うときにも注意が必要だが、『託宣集』の方には、八幡神の起源にかんして、「辛《から》国《くに》の城に、始めて八流の幡《はた》と天降って、吾《われ》は日本の神と成れり」という一文が出てくる。辛国は韓国のことであり、辛国の城とは朝鮮半島からの渡来人が生活するようになった地域のことをさすと考えられる。

さらに、この『託宣集』に引用された『豊前国《ぶぜんのくに》風土記』逸文には、「昔者、新羅《しらぎ》の国の神、自ら度《わた》り到《いた》来りてこの川原に住みき、すなわち名を鹿春《かわら》の神といひき」という記述が出てくる。現在の福岡県田川郡香春《かわら》町には香原岳があり、その麓には香原神社が祀られている。ここは宇佐からはかなり西にあたるが、八幡信仰について研究している逵《つじ》日《ひ》出《で》典《のり》氏は、新羅の国の神を祀っていた渡来人の集団が東へと移っていき、宇佐の地域で八幡神を祀るようになったのではないかと推測している（『八幡神と神仏習合』講談社現代新書）。

宇佐八幡のある九州北部は朝鮮半島に近い。多くの渡来人が住みつくようになった地域で、八幡神ももともとは渡来神であったと考えられる。あるいは、八幡神が、巫女《みこ》に乗り移る形で奈良の都にのぼり、東大寺の大仏建立の事業を支えようとしたのも、仏教が朝鮮半島から日本にもたらされたものであったことが関係していたのかもしれない。

日本では、大仏が作られる以前にも、銅造の仏像が鋳造されていた。法隆寺の釈迦三尊像や薬師寺の薬師三尊像などがそれにあたる。

しかし、大仏となれば、その鋳造ははるかに難しい。日本ではその経験がなかった。朝鮮半島でも、中国でも、東大寺の大仏に匹敵するような巨大な大仏は現在残されていないので、そうしたものがあったのかどうかははっきりしないが、鋳造技術にかんして、当時の日本は、朝鮮半島や中国から多くのことを学ばなければならなかったはずである。渡来神の八幡神が上京したという出来事は、そうした歴史的な事実を反映していた可能性がある。

さらに、八幡神の重要性を示しているのが、『承和縁起』にある伝承である。それによれば、八幡神は応神天皇の霊であるとされる。そして、欽明天皇の時代に豊前国宇佐郡の馬城嶺《まきみね》に出現し、これを大神比義《おおがのひぎ》が戊子《つちのえね》年に鷹居社《たかい》を建てて自ら祀ったが、その後、小椋山に遷座したというのである。この馬城嶺は、「おもとやま」とも読まれ、宇佐八幡宮の南南東にある御許山《おもとさん》のことをさしている。御許山の頂上には三つの巨大な石があり、それは磐座にほかならない。御許山は、まさに神体山で、その麓に鎮座する大元神社は、奈良の大神神社のように、拝殿はあっても本殿はないのである。

ここで重要なことは、八幡神が応神天皇の霊であるとされている点である。この伝承がどのような形で生まれたかははっきりしないものの、その後、広くそれが信じられるようになる。

現在の宇佐神宮の祭神は、八幡大神と多岐津姫命《たぎつひめのみこと》、市杵嶋姫命《いちきしまひめのみこと》、多紀理姫命《たぎりひめのみこと》からなる比《ひ》売《め》大神、そして母である神功皇后とされているが、八幡大神は、誉田別尊《ほむたわけのみこと》（応神天皇）とも呼ばれている。誉田別尊は、応神天皇の名前の一つで、応神天皇は漢風諡号《しごう》である。八幡神と応神天皇は一体のものとして祀られているわけである。

もう一つ、『承和縁起』では、欽明天皇の時代に宇佐郡辛国宇豆高島に天降った八幡神は、大和国膽吹《いぶき》嶺に移り、さらには紀伊国《きいのくに》名草海嶋、吉備《きびの》宮神島を経て、馬城嶺に顕れたとされている。

さらに、現在地の小椋山に鎮座するまでに、現在では宇佐神宮の境外社と位置づけられている乙咩《おとめ》社、泉社、瀬社を経て、鷹居社、小山田社へと移っていったとされる。たんに遷座をくり返しただけではなく、鷹居社にあった時代には、そのこころが荒れて、五人のうちなら三人を殺し、一〇人のうちなら五人を殺すほどだったとされる。八幡神は荒ぶる神であり、そのこころが和いでから、ようやく社殿を建てて奉斎がかなうようになったというのである。

社殿に祀られるようになるまで、遷座をくり返したことや、荒ぶる神で災厄をもたらしたという点では、第二章で見たように、天照大神と似ている。その点で八幡神も、「戦慄すべきもの」であったことになる。

人間が八幡神に逆らったから、それで殺されたというわけではない。もともと八幡神は荒ぶる神であり、遷座がくり返されたのも、それを鎮めるためであったと考えられる。

そして、大和朝廷が祈願を捧げる存在に祀り上げられていったのも、そうしたことが関係していたことであろう。近づけば多くの人間を殺すほどの力を発揮するからこそ、朝廷もその威力に期待したのだ。さらにそれが、大仏建立の際の上京や、国家の命運を左右する託宣の力に結びついたことになる。

後に、武家が台頭するようになると、八幡神は、武士を守る「武神」としての性格を示すようになるが、それも、荒ぶる神であったことが影響していたに違いない。

石清水八幡宮へ勧請され「皇大神」と呼ばれる

もう一つ、八幡神について考えなければならないのは、仏教との深い結びつきである。すでに、ここまで見てきたように、大仏建立に貢献しただけではなく、和気清麻呂の前には僧形であらわれている。そして、宇佐八幡宮には神宮寺として弥勒寺があったことにもふれた。

その弥勒寺であるが、『承和縁起』や『託宣集』によれば、神亀《じんき》二（七二五）年に八幡神が小椋山に遷座し、山上に社殿が建てられた際に、その境内の外、東南東に弥勒禅院が、東南には薬師勝恩寺《やくししょうおんじ》という寺が建立されたとされる。天平一〇（七三八）年には、この二つの寺が統合されて八幡神宮弥勒寺が成立する。八幡神が大仏建立のために上京する少し前のことになる。

弥勒寺の前身となった弥勒禅院において別当をつとめたのが法蓮《ほうれん》という僧侶であった。法蓮は、『続日本紀』に二度登場しており、そこでは毉術《いじゅつ》に通じているとされている。ここで言う毉術は密教に通じる呪術的な行為をさす。法蓮は、シャーマン的な存在であった可能性が高い。

法蓮が弥勒寺を建立するまでのいきさつは、建保《けんぽう》元（一二一三）年の奥書《おくがき》のある『彦山流《ひこさんる》記《き》』という書物のなかに出てくる。修験の山である彦山で修行を行った法蓮は、その結果宝珠を得るが、白髪の翁の姿をとった八幡神にそれを奪われてしまう。

八幡神は、その地域の鎮守となり、日本の国を守りたいと言い出す。さらには、弥勒菩薩が世にあらわれるのを助けるため、弥勒寺を建立し、法蓮をその別当にしたいとも言うのだった。

これが弥勒寺の創建に結びついたとされるが、弥勒菩薩は、釈迦の入滅後五六億七〇〇〇万年後に地上に降り、残された衆生をすべて救いとるとされてきた。これは「弥勒下《げ》生《しょう》」と呼ばれたが、一刻も早くその下生がかなうことを願う信仰が生まれ、それは、日本に仏教が伝えられた初期の時代に流行した。

こうしたことはあくまで伝承で、記述内容も伝説の類だが、弥勒寺があったことは間違いなく、発掘調査からは、南大門、中門、金堂、講堂が南北の線上に並び、金堂の手前に二基の三重塔のある薬師寺式伽藍配置をとっていたことが判明している。これは、相当に立派な寺院である。

宇佐八幡宮は、この弥勒寺とともに発展し、九世紀の終わりからは、何か特別なことが起こらなくても、朝廷が三年に一度奉幣《ほうへい》を行う重要な神社になっていく。

八幡信仰がさらに広がりを見せていく上において極めて重要な意味をもったのが、現在の京都府八幡市にある石清水《いわしみず》八幡宮に勧請されたことであった。

宇佐八幡宮から八幡神が勧請されたのは、平安時代初期の貞観元《じょうがん》（八五九）年のことだった。石清水の地が重要だったのは、平安京の南西、つまりはその裏鬼門《うらきもん》に位置していたからだった。平安京の北東、鬼門の方角には、天台宗の総本山である比叡山延暦寺がある。延暦寺の創建は、平安京への遷都の前で、それが都の鬼門を占めるのは偶然のことだが、石清水の創建は平安京遷都以降のことであり、意図してのものであったはずだ。

石清水八幡宮の勧請にかかわったのが、奈良の大安寺の僧侶だった行教《ぎょうきょう》で、藤原良房の外孫であった惟仁《これひと》親王が清和天皇として即位する際、その祈禱のために宇佐八幡宮に派遣された。行教は、その際に八幡神の託宣を受け、八幡神を石清水に勧請したとされる。

このことは、行教自身が著した『石清水八幡宮護国寺略記』に記されているが、これは写本でしか伝わっておらず、法印権別当宗清による寛喜《かんぎ》四（一二三二）年のものが伝えられている。なお、一二世紀はじめに編纂された『朝野群載《ちょうやぐんさい》』という文集にも収録されている。

石清水に勧請された当初の段階から、その祭神である八幡神は、「皇大神」、あるいは「太祖」と呼ばれていた。皇大神とは、本来なら天照大神のことをさす。天元《てんげん》二（九七九）年からは、天皇による石清水行幸も行われるようになり、石清水八幡宮は、伊勢神宮に次ぐ「国家第二の宗廟」と呼ばれるようになっていく。ただし、いつから国家第二の宗廟と呼ばれるようになったかは定かではない。

天変地異のおりなどに、朝廷から特別に奉幣を受ける神社として「二十二社」というものがあり、最初の対象は一二社だった。『日本紀略』の天徳《てんとく》四（九六〇）年三月二二日の条には、伊勢、石清水《いわしみず》、賀茂、松尾、平野、稲荷、春日、大原野《おおはらの》、大神《おおみわ》、石上《いそのかみ》、大和《おおやまと》、住吉という形で一二社があげられているが、石清水はすでに伊勢に次いで第二位を占めている。それ以降、石清水はつねに第二位を確保している。

天皇、上皇、法皇などの石清水への行幸啓は二四〇回余りに及んだ。その間、伊勢神宮には誰も行幸啓しなかったのとは対照的である。応神天皇と習合した八幡神を祀る石清水八幡宮が、京の都のすぐ近くにできたことで、格好の行幸啓の対象になったものと思われる。

それにしても、八幡神は不思議な神である。渡来人が祀っていた神が、急に頭角をあらわし、大仏建立という国家的な事業を支える役割を果たした。しかも、宇佐の地から、都の近くに勧請されることで、伊勢神宮に次ぐ皇祖神としての信仰を集めるようになる。ほかに、同じような地位にのぼりつめた神はない。八幡神の台頭、出世は、実に驚くべき現象なのである。

さらに、源氏が八幡神を氏神としたことで、その信仰はいっそうの広がりを見せていく。河内源氏の二代目となった源頼義《みなもとのよりよし》は、奥州《おうしゅう》における前九年の役に勝利して凱旋したおりに、河内（現在の大阪府羽曳野市《はびきのし》）に石清水八幡宮から勧請して、壺井八幡宮を建立した。

頼義は、河内源氏の東国への進出のために、鎌倉の由井郷《ゆいごう》鶴岡にも石清水八幡宮を勧請して、鶴岡若宮を建立した。そして、源頼朝が鎌倉に幕府を開いた際に、鶴岡若宮は由井から現在地に移され、鶴岡八幡宮となったのだった。

頼朝は、石清水八幡宮に対しても崇敬を続ける。源氏の後に将軍家となる足利氏や徳川氏も八幡神を氏神としたことで、それは武神、あるいは弓矢の神、必勝の神として武士の崇敬を集めていく。このことは八幡神の重要性を高めていくことに大いに貢献した。

「八幡大菩薩」として神仏習合の象徴に

もう一つ、八幡神への信仰が広がりを見せていくのは、仏教と密接なかかわりをもつことによってである。

大仏建立を助けるために上京した八幡神は、手向山八幡宮に祀られ、東大寺を守護する役割を果たすようになったわけだが、東大寺が、全国の国分寺の中心をなす「総国分寺」と位置づけられることで、それぞれの国の国分寺にも八幡神が勧請される。さらには、国分寺以外でも、東寺や薬師寺などにも勧請されていく。

『承和縁起』などによると、天応《てんおう》元（七八一）年に、八幡神は「護《ご》国《こく》霊《れい》験《げん》威《い》力《りょく》神《じん》通《つう》大《だい》菩《ぼ》薩《さつ》」という菩薩号を奉り、延暦二（七八三）年には、託宣によって「護国霊験威力神通大自《じ》在《ざい》王《おう》菩薩」と称するようになったとされる。

八世紀末から九世紀はじめの太政官符といった公文書には、「八幡大菩薩」の呼称が記載されている。菩薩と言えば、観音菩薩や弥勒菩薩など、悟りを目指して修行を続けている仏のことをさす。八幡神は、神道の神であるだけではなく、同時に仏教の菩薩としての役割を担うようになった。これも、他の神には見られない八幡神の大きな特徴である。

八幡大菩薩は、まさに中世から近世にかけて支配的だった神仏習合の象徴となる存在だが、そうした信仰の具体的なあらわれとして広く見られたのが、神宮寺の建立という事態である。宇佐八幡宮の弥勒寺は、まさにこの神宮寺にあたるわけだが、初期の時代には、越前氣比神宮にもうけられた気比神宮寺をはじめ、伊勢多度《たど》神社の多度《たど》神宮寺《じんぐうじ》、若狭彦・若狭姫神社の若狭比古神願寺などが建立された。

そこには、一つの理論的な説明が施されているのだが、その具体的な例は、多度神宮寺の場合に見ることができる。

この多度神宮寺については、「多度神宮寺伽藍縁起 并《ならびに》 資財帳」という史料が残されている。天平宝字《てんぴょうほうじ》七（七六三）年に、満願《まんがん》禅師という私度《しど》僧が多度神社の東に道場を建立し、丈六《じょうろく》の阿弥陀仏を造立したところ、多度神の神託が下り、「吾《わ》れ、久劫《きゅうごう》を経て、重き罪業《ざいごう》を作《な》し、神道の報いを受く。今冀《こいねがわく》は永く神身を離れんが為に、三宝に帰依せんと欲す」とあったというのである。

私度僧とは、正式な資格をもたずに勝手に出家した人間のことをさす。その私度僧の一人が作った阿弥陀仏に多度神が下り、その口を借りて語り出し、自分が神になったのは重い罪を犯したからで、その状態から逃れるために仏教に帰依したいというのだ。満願禅師は、この多度神の願いを聞き入れ、小さな堂宇を建て、そこに「神御像」を祀ったとされる。

神と言えば、普通は善なる存在だと考えられている。とても重い罪を犯すようなものではない。ところが、多度神は、自分は罪業によって神になったと言うのだ。

そこには、六道輪廻の信仰が関係している。六道とは、下から地獄道、餓鬼道、畜生道、修羅道、人間道、天道のことをさし、生きとし生ける者は、生まれ変わりをくり返しながら、この六道を輪廻していくと考えられている。このうち天道は神々の住まう世界になり、多度神の言う神道に相当する。

現代の私たちからすれば、神が仏法に帰依したいという望みを抱くことは理解が難しい。しかし、神道では、神が信仰の対象とはなっているものの、独自の救済の論理も方法もなかった。そこが仏教とは異なっており、神も仏にすがらなければ救われないのである。

多度神社は、現在多度大社と呼ばれるが、その祭神は天津彦根命《あまつひこねのみこと》である。天津彦根命は、『古事記』では天津日子根命と表記され、天照大御神と須佐之男命が誓約を行ったときに生まれた神の一つである。伊勢神宮にも近く、神話的にも密接な関連をもっている。果たして天津彦根命が仏道修行をすることによって解脱を果たすことができたのかどうかは分からないが、その後、神のなかで、そうした修行の対象になるのは、もっぱら八幡神になっていく。

それを反映して制作されるようになったのが僧形八幡神像で、そのなかでももっとも名高いものが、東大寺にある快慶《かいけい》作の僧形八幡神坐像である。快慶は、くっきりと顔を描き出すところに特徴があるが、まさにこの神像には、それが明確にあらわれている。建仁《けんにん》元（一二〇一）年の作である。

それよりも古いものとしては、平安時代前期寛平《かんぴょう》年間（八八九〜八九八年）に制作された薬師寺八幡神社（休《やす》ケ岡《おか》八幡神社とも言う）の僧形八幡神像がある。この神社には、ほかに女神像が二体あり、それは、八幡神社の祭神である仲津姫命《なかつひめのみこと》と神功皇后の像であるとされている。

僧形八幡神像を見ると、剃髪《ていはつ》し、袈裟《けさ》を身にまとって、錫杖《しゃくじょう》を携えていたりするので、一見すると仏像の印象が強い。しかし、通常の仏像の造形とは異なっている。神像にかんしては、まだ十分な研究が蓄積されているとは言えない状況にあり、いったいそれがどの神の像なのかが判明していないものも少なくない。そのなかで、八幡神像だけが明確である。しかも、そのほとんどが僧形なのである。

それだけ、八幡大菩薩として、神道と仏教を橋渡しする役割を果たしたことが大きかったものと思われるが、一つ、この章を締めくくるにあたって指摘しておかなければならないことがある。

天照大神と八幡神と日本人の「信仰」

八幡神は、菩薩であると同時に応神天皇と習合し、それゆえに天照大神に次ぐ、あるいはそれに匹敵する皇祖神としての地位を確立していくことになるわけだが、その母は神功皇后である。そして父は、第二章で取り上げた仲哀天皇である。

仲哀天皇は、天照大神の命令に従わなかったことで殺された。天皇が、天照大神の子孫であったにもかかわらずである。

そして、仲哀天皇が亡くなったために、応神天皇を身籠もっていた神功皇后が三韓征伐に乗り出したと、『古事記』などでは語られている。明治以前には、仲哀天皇が亡くなってから応神天皇が即位するまで、神功皇后が六九年にわたって天皇の地位にあったとされていた（この点については、原武史『皇后考』〈講談社〉が詳しい）。皇后は、天照大神の命じるところに従ったことで、長く支配者の地位にとどまることができたことになる。

父親を殺されているわけだから、応神天皇にとって、天照大神は祖先神ではあるものの、仇であるということにもなる。神に対して敵討ちをするなどということ自体が不可能だが、状況から考えて、応神天皇のなかにそうした願望が生み出されていても不思議ではない。

あるいは、八幡神をめぐる信仰の展開過程を追っていくと、応神天皇は敵討ちを果たしたとも言える。何しろ、応神天皇が習合した八幡神は、天照大神に次ぐ第二の皇祖神の地位を獲得した。しかも、八幡神が勧請された石清水八幡宮は、天照大神を祀る伊勢神宮を凌ぐ勢いを見せたのである。それは、あるいは応神天皇による敵討ちではなかったのだろうか。

そこに、どういった現実が反映されているのか、それは明らかになっていない。想像力を働かせれば、隠された歴史を発掘することも可能かもしれない。

それはさておき、天照大神と八幡神、あるいは八幡大菩薩との関係は、日本人の神への信仰を考える上で注目しなければならない重要な事柄である。

天照大神が伊勢の地に遠ざけられ、天皇などが訪れることがなかったあいだに、八幡大菩薩は、その地位を高め、天照大神への信仰を凌駕するまでに至る。それは、日本の宗教の歴史を考える上で、極めて重要な出来事だった。八幡神は、皇祖神としての天照大神の地位を簒奪したとも言えるのである。

あるいは、八幡神が武士によって信仰される神になっていったのも、武士が朝廷から政権を奪おうとしたからではなかっただろうか。八幡神は、武士の力によって、さらにその霊的な力を増していったのである。

第四章　日本的三位一体

日蓮の「遺文」が明かす真実

鎌倉時代に登場した日蓮は、やがて法華宗、現在の日蓮宗の開祖に位置づけられていくわけだが、膨大な量の文書を残したことで知られている。

文書のほとんどは書状であり、その点では、日蓮本人が残したというよりも、書状を受けとった弟子や信者たちがそれを大切に保存してきたということになるが、そうした書状とは別に日蓮が書き残したものがある。

それが、今日「本尊曼陀羅《ほんぞんまんだら》」として伝えられるものである。それは、「法華《ほっけ》曼陀羅」とも「十界《じっかい》曼陀羅」とも呼ばれる。信徒たちのなかには、それを「大曼陀羅御本尊」として崇め奉る者たちもいる。

本尊曼陀羅は、日蓮が佐渡に流されたときから書き著すようになったもので、現在では一二七幅余りの存在が確認されている。

日蓮は、「南無妙法蓮華経」の文字を中央に大書し、四隅には持国天《じこくてん》をはじめとする四天王の名前を配し、釈迦牟尼如来をはじめ、多宝如来や諸菩薩、さらには、明王や天王、あるいは天台大師や伝教大師の名を記していったが、そのなかに、日本の神として天照大神と八幡大菩薩とが含まれていた。この二柱以外の神の名が記されることはなかった。

日蓮が残した文章は、「遺文《いぶん》」と呼ばれているが、遺文のなかにも、この二柱の神が登場する。たとえば、文永《ぶんえい》一二（一二七五）年に身延で記された「神国王御書《しんこくおうごしょ》」と呼ばれる遺文のなかでは、次のように述べられている。

此日本国は外道《げどう》一人《にん》なし。其上《うえ》神は又第一天照太神、第二八幡大菩薩、第三は山王等三千余社。昼夜に我国をまほり、朝夕に国家を見そなわし給《たまう》。

最後の見そなわすとは、見るの尊敬語である。山王とは、日蓮が学んだはずの比叡山延暦寺の麓、現在の滋賀県大津市にあって、比叡山の守護神とされる日吉大社のことである。ただ、日吉大社で祀られる山王権現は、本尊曼陀羅には登場しない。

天照大神と八幡大菩薩を別格扱いにしているのは、日蓮だけではなく、この時代の一般的な感覚だった。それも、前の章で述べたように、八幡大菩薩が応神天皇と習合し、第二の皇祖神の地位を獲得していたからである。

日蓮は、同じ年の二月一六日に記した書状、「新尼御前御返事《にいあまごぜん》」のなかで、天照大神と八幡大菩薩について、本書の観点からは非常に興味深いことを書き記している。それは、以下の通りである。

而《しかる》を安房国《あわのくに》東条郷は辺国なれども日本国の中心のごとし。其故《そのゆえ》は天照太神跡を垂れ給へり。昔は伊勢国に跡を垂させ給ひてこそありしかども、国王は八幡・加茂等を御帰依深くありて天照太神の御帰依浅かりしかば、太神瞋《おおみかみいか》りおぼせし時、源右将軍と申せし人、御起請文《ごきしようもん》をもつてあをかの小大夫《こだいふ》に仰せつけて頂戴し、伊勢の外宮にしのびをさめしかば、太神の御心《みこころ》に叶《かな》はせ給けるかの故に、日本を手ににぎる将軍となり給ひぬ。此人東条郡《こおり》を天照太神の御栖《おんすみか》と定めさせ給。されば此太神は伊勢の国にはをはしまさず、安房国東条の郡にすませ給ふか。例せば八幡大菩薩は昔は西府《さいふ》にをはせしかども、中比《なかごろ》は山城国男山に移り給、今は相州鎌倉鶴が岡に栖み給。これもかくのごとし。

ここに出てくる源右将軍は、鎌倉幕府を開いた源頼朝のことである。安房国東条郷は、日蓮の生まれた故郷である。この東条郷は、鎌倉幕府の歴史をつづった『吾妻鏡《あずまかがみ》』元暦《げんりやく》元(一一八四)年五月三日条に、東条御厨《みくりや》として登場する。御厨とは、神に捧げる神饌《しんせん》を調進するための領地ということであり、頼朝はこの東条御厨を伊勢神宮に寄進している。

日蓮は、このことを踏まえて述べているわけで、東条郷が伊勢神宮の御厨となったことで、天照大神の住み処になったとしている。そこには、日蓮の郷土意識が顔を出している。八幡大菩薩の方は、ここでは西府とされる宇佐から男山の石清水八幡に勧請され、さらには鎌倉の鶴岡八幡宮に勧請されたわけだが、果たして天照大神は東条郷に勧請されたとまで言っていいのか。その点については疑問なしとはできない。

だが、ここで注目されるのは、日蓮が、国王、つまりは天皇が皇祖神を祀っているはずの伊勢神宮に対して十分な帰依を行っていないと指摘している点である。これは、代々の天皇が伊勢に行幸していないことなどをさしているに違いない。そこで天照大神が怒っているので、頼朝は、こっそり外宮に起請文を奉った結果、天下を治める将軍になることができたというのである。

この起請文というのは、頼朝が、養和《ようわ》二（一一八二）年に平家打倒のために伊勢神宮に奉った願文のことをさしている。もちろん、天照大神が怒ってという部分は日蓮の推測によるものではあるが、第二章で見たように、朝廷が天照大神を蔑《ないがし》ろにしていた可能性は十分に考えられる。それに代わって八幡大菩薩が浮上した。実際、頼朝を含む武士たちが守り神として奉ったのは、天照大神ではなく、八幡大菩薩の方だったのである。

釈迦如来の存在を重視した日蓮

中世においては「神仏習合」が基本で、「本地《ほんじ》垂迹説《すいじゃくせつ》」において神というものは、仏教の仏が日本に現れたものだと考えられていた。天照大神については、同じく太陽の神格化としての側面をもつ大日如来が本地《ほんじ》仏《ぶつ》と見なされた。

本地仏については、必ずしも一つには定められておらず、同じ神に別の本地仏が当てはめられることもあるが、密教の信仰が仏教界を席捲するなかで、天照大神と大日如来との結びつきは強固だった。

一方、八幡神の場合には、八幡大菩薩として信仰されていたわけで、すでに菩薩である以上、本地仏は必要ではないようにも思えるが、一般には阿弥陀仏が本地仏に想定されていた。

これについて日蓮は、「智妙房御返事」（弘安《こうあん》三〈一二八〇〉年一二月一八日、身延、智妙房宛）という遺文のなかで、「世間の人々は八幡大菩薩をば阿弥陀仏の化身と申」すが、「月氏《がっし》にては釈尊と顕はれて法華経を説き給ひ、日本国にしては八幡大菩薩と示現して正直の二字を願に立て給」と述べていた。ここで言う月氏はインドのことである。また、「日眼女釈迦仏供養事」（弘安二年二月二日、同、日眼女宛）という遺文のなかでは、「天照太神・八幡大菩薩も其本地は教主釈尊也」としていた。

日蓮は、世間一般の考え方とは異なり、天照大神と八幡大菩薩の本地仏を釈迦如来に求めていた。それも、日蓮が信奉した『法華経』において、釈迦如来は久遠実成《くおんじつじょう》の仏として永遠の存在と見なされており、そこから日蓮は釈迦如来の存在を重視していたからである(この点については、高木豊『増補改訂　日蓮―その行動と思想』太田出版を参照)。

日蓮の考え方は、彼独自の宗教思想にもとづくもので、一定の根拠はもっていたものの、一般にそれが受け入れられたわけではなかった。天照大神の本地仏は大日如来であり、八幡大菩薩は阿弥陀如来というのが、当時の世間一般の受け取り方だった。

「三社託宣」に反映された権力構造

ただ、日蓮は、天照大神と八幡大菩薩に次いで山王をあげていたが、むしろ一般に重視されていたのは、奈良春日大社の祭神である春日神、春日大明神であった。

それは、中世から近世にかけて流行した「三社託宣《さんじゃたくせん》」というものに示されている。これは、天照大神を中心に、八幡大菩薩と春日大明神の神名を書き、その下に、それぞれの神の託宣を記した一幅の掛け軸である。

託宣と言えば、そのつど神から下されるものであるが、この三社託宣の場合には、それぞれの神の託宣の内容はつねに定まっていた。それをあげれば次のようになる。

天照皇大神　謀計は眼前の利潤たりと雖《いえど》も、必ず神明の罰に当る、正直は一旦の依怙に非ずと雖も、終《つい》には日月の憐れみを蒙る

八幡大菩薩　鉄丸《てつがん》を食すと雖も、心汚れたる人の物を受けず、銅焔《どうえん》に座すと雖も、心穢れたる人の処に臨まず

春日大明神　千日の注連《しめ》を曳くと雖も、邪見の家には到らず、重服深厚たりと雖も、慈悲の室《いえ》に赴くべし

託宣の内容は、通俗的な道徳を説くものであり、謀《はかりごと》をすることや、邪《よこしま》なこころを持つことを戒め、正直や慈悲を薦めている。それぞれの神のあり方と託宣の内容が直接関係をもつわけではない。託宣を記さず、三柱の神の姿を描いたものもある。その際には、天照皇大神が女神の姿で描かれ、八幡大菩薩（その際には八幡大神として）と春日大明神（同様に春日大神として）は狩衣烏帽子《かりぎぬえぼし》で、それぞれ馬と鹿に乗った姿で描かれるのが一般的である。

三社託宣の起源としては、鎌倉時代の正応《しょうおう》年間（一二八八〜九三年）に、伏見《ふしみ》天皇の皇子

であった聖珍法親王《しょうちんほっしんのう》が東大寺東南院の庭を歩いていた際に、池の表に三神の託宣が現れ、それを筆記したのがはじまりであるとされる（『東南院務次第』）。

ただし、この三社が一括してとりあげられた初出は、摂政関白をつとめた九条兼実《かねざね》の日記『玉葉《ぎょくよう》』である。その治承《じしょう》四（一一八〇）年五月一六日の条に、「伊勢大神宮・正八幡宮・春日大明神、定めて神慮の御計あらんか」とある。兼実は、建久《けんきゅう》二（一一九一）年四月五日の条でも、この三社にふれている。

当時天台座主《ざす》だった慈円の承久《じょうきゅう》二（一二二〇）年頃の西園寺公経《きんつね》宛の書状でも、「伊勢大神宮・八幡・春日等」という形で三社に言及されている。

兼実と慈円がともに三社を一括して取り上げていることは重要である。というのも、この二人はともに摂政関白だった藤原忠通の子であり、母も同じ兄弟だったからである。これについて、神道史の岡田荘司は、「三社の編成は摂関九条家の兼実と弟慈円の周辺で、院勢力への対応関係から摂関体制擁護を目的に三社体制が作られた可能性は高い」と指摘している（「古代・中世祭祀軸の変容と神道テクスト」『日本における宗教テクストの諸位相と統辞法』名古屋大学グローバルCOEプログラム第4回国際研究集会報告書）。

これは、兼実と慈円の兄弟が、神の位格を政治的な目的によって変更しようと試みたことを意味する。というのも、それ以前の時代においては、つまりは平安時代においては、三社と言えば、伊勢、石清《いわし》水《みず》、春日大社ではなく、春日大社の代わりに、京都の賀茂《かも》社が含まれていたからである。

平安時代においては、一六の代表的な神社が選ばれ、そこへは祈年祭、祈雨《きう》などのために奉幣《ほうへい》が捧げられた。それが「十六社」と呼ばれるものである。そこに含まれたのは、伊勢・石清水・賀茂・松尾・平野・稲荷・春日・大原野《おおはらの》・大神《おおみわ》・石上《いそのかみ》・大和《おおやまと》・広瀬・竜田《たつた》・住吉・丹生《にう》・貴船《きぶね》であった。後にこれは二十一社を経て、すでに述べた二十二社へと増えていくが、十六社のうち七社が上位と定められ、そのなかでもとくに伊勢、石清水、賀茂の三社が丁重にあつかわれた。

賀茂の場合、上賀《かみが》茂《も》神社と下鴨《しもがも》神社の二つに分かれているが、正式な名称は、前者が賀茂別雷《わけいかつち》神社で、後者が賀茂御《み》祖《おや》神社である。古代の豪族の一つ、賀茂氏によって祀られたものとされるが、平安時代に入って、王城鎮護《おうじょうちんご》の神社として信仰を集めた。大同《だいどう》二（八〇七）年には、神階の最高位である正一位を与えられている。そして、賀茂祭（葵祭）は勅祭とされた。

それほど神社としての格が高かった賀茂社ではあるが、鎌倉時代以降は、伊勢、石清水に継ぐ地位を春日社に奪われることになる。そこには、兼実・慈円兄弟の政治的な戦略が反映されていたことになるが、たんにそれだけが原因ではない。

伊勢の場合、その地位を石清水によって脅かされるようになったとは言え、天皇家の皇祖神を祀る宗廟として認識され、十六社や二十二社でもつねに筆頭にあげられていた。

それに対して、八幡神（八幡大菩薩）を祀る石清水がその地位を高めたのは、平安時代後期以降に台頭した武家がそれを信仰したからである。伊勢は朝廷の神、石清水は武家の神だったわけである。

それに対して、貴族のなかでもっとも権勢を誇ったのが藤原氏である。藤原氏は天皇の外戚《がいせき》としての地位を保ち、摂政関白の位を独占し続けた。その藤原氏が祀るのが春日神であり、春日神が鎮座するのが春日大社であった。

伊勢、八幡、春日という組み合わせは、当時の権力構造をそのまま反映していた。藤原氏に比べれば、賀茂氏の力ははるかに弱い。賀茂から春日への転換が起こるのは必然的なことであった。

朝廷を中心にして、それを公家と武家が支える。そうした政治のあり方が、三社託宣に反映されている。中世の時代においては、伊勢、八幡、春日による、まさに日本的な「三位一体」の構造が確立されていたのである。

現在では、日本は多神教の国であり、八百万《やおよろず》の神々を信仰の対象にしていると認識されている。

しかし、神々はそれぞれが平等の地位を占めているわけではなく、そこには、神のあいだでの格の違いが存在した。それを表現したものが、正一位といった神階であったり、二十二社の信仰であったりする。それは社格という形で制度化もされていくが、伊勢、八幡、春日は別格の地位を占めた。あるいは、伊勢、八幡と春日のあいだには差があったとも言える。それも、八幡が第二の皇祖神の地位を獲得したのに対して、春日はそこまでは昇格できなかったからである。

その点で、春日神の位置づけが問題になるが、この三柱の神が、中世から近世にかけて、他の神々より重要な存在と見なされていたことは間違いない。

その際に、こうした神々がどのように表象されていたのかということを見ていくことによって、それぞれの神の特性というものが浮かび上がってくる。

そこには、神仏習合の信仰も当然かかわってくるわけだが、そのあり方は、この三柱の神のあいだで異なっている。神仏習合という事態は、たんに神と仏が習合したというだけではなく、複雑な様相を呈し、それが日本人の信仰世界を押し広げていくことに貢献したのである。

伊勢神宮と「大神宮御正体」

まず伊勢神宮の場合から見ていきたい。

伊勢神宮と言えば、今日でも神社界の頂点に位置し、他の神社には見られない大規模な式年遷宮が二〇年ごとにくり返されている。直近の遷宮は二〇一三年に行われ、すべての社殿は建て替えられ、その荘厳な姿を参拝者の前に示している。

しかし、明治のはじめに撮影された写真を見てみると、その社殿は今ほど立派には見えない。たとえば、幕末から明治にかけて活躍した写真家で画家の横山松三郎が撮影した『壬申《じんしん》検査関係写真』（東京国立博物館蔵）には、明治五（一八七二）年における内宮と外宮の写真が残されているが、一見してこれが伊勢神宮なのかと疑問を感じるほどの違いを示している。

モノクロームの古い写真ということもあるが、屋根などは、今よりもはるかに薄い。両脇の棟持柱《むなもちばしら》が伊勢神宮の大きな特徴にもなっているが、柱は今よりも細いようにも見える。壁も今ほどはきっちりと仕上げられておらず、全体に田舎びているという印象を与える。

近代の伊勢神宮について研究したジョン・ブリーンは、寛政《かんせい》九（一七九七）年に書かれた『伊勢参宮名所図会』とそのおよそ一〇〇年後に刊行された『神都名勝志《しんとめいしょうし》』（明治二八〈一八九五〉年）とを比較し、板垣と外《との》玉垣という二重の垣根が設けられ、参拝者が立ち入ることができる神域が狭められたことを指摘している（『神都物語—伊勢神宮の近現代史』吉川弘文館）。

明治以降、「国家神道」と呼ばれるようになる宗教体制のもとで、伊勢神宮に対する信仰は高まり、それにつれて建物も立派になっていった。そして、現在の方がはるかに壮麗で、威厳のある建物になっている。

伊勢神宮の側は、二〇年に一度の遷宮が行われることによって、古代の神殿の姿がそのまま今日に伝えられていると説明しているが、こうした説明をそのまま受け入れるわけにはいかない。中世から近世にかけて、伊勢神宮を描いた絵がいくつも残されているが、そのなかには、社殿が一般の神社仏閣と同様に朱塗りになっていたり、棟持柱がまったくないものが含まれる。逆に、現在と同じような姿で描かれたものはないのである。

こうした絵というものは、絵師が実際に現地を訪れ、その光景をそのまま描いたのかどうか、その保証がない。したがって、実際の伊勢神宮を見ずに、他の神社仏閣からその姿を想像して描いている場合もあり、判断が難しいが、一つ注目される絵がある。

それが奈良の正暦寺《しょうりゃく》に伝わっている「伊勢両宮《りょうぐう》曼荼羅」と呼ばれるものである。これは、南北朝時代の一四世紀に描かれたと考えられている。

伊勢については、近世に入ると、「伊勢参り」ということが盛んになり、それとともに、伊勢神宮の境内やその周辺にある宗教施設を描いた「伊勢参宮曼陀羅」と呼ばれるものがいくつも作られるようになる。ただし、この「伊勢両宮曼荼羅」は、まだ参宮曼陀羅とは言えないもので、参拝者などの姿は描かれていない。

内宮と外宮が別の紙に描かれていて、内宮の上には太陽が、外宮の上には月がそれぞれ円で描かれていて、どちらにも雲に乗って浮かぶ四天王が描かれている。四天王は、仏教の寺院にあって、須弥壇《しゅみだん》の上で本尊などを護る形に配置されているものである。

さらに内宮には山神が描かれ、外宮には天女とともに弘法大師空海の姿が描かれている。そして、正殿を囲む瑞垣の外側には、法楽舎《ほうらくしゃ》と記された建物が描かれている。伊勢には、京都の醍醐寺三宝院の僧侶、通海《つうかい》が継いだ真言宗の祈禱所として法楽寺があり、法楽舎は、伊勢神宮の境内に建てられた、その末寺であった。

現在の伊勢神宮を歩いてみても、仏教関係の建物なり、その跡なりを見出すことはまったくできない。おはらい町通り西側の豆腐屋の前に、「宇治法楽舎跡」という石碑が立っているだけである。そこには、蒙古撃退の祈願法楽を行うために建治《けんじ》元（一二七五）年に建てられたと記されている。

伊勢神宮と仏教信仰ということに関連して注目されるものが、奈良の西大寺に伝わる「大神宮御正体《みしょうたい》」である。

御正体と呼ばれるものは、さまざまに伝えられており、一般には本地仏《ほんじぶつ》を線刻した鏡などである。それは、垂迹《すいじゃく》神を祀る神社に飾られた。

大神宮御正体の場合には、そうしたものよりもはるかに手がこんでいる。それは、黒漆を塗った厨子におさめられており、その扉を開くと、なかには、胎蔵《たいぞう》界曼陀羅と金剛《こんごう》界曼陀羅を描いた中板が二枚おさめられている。これで両界曼陀羅ということになるわけだが、曼陀羅のなかには仏の姿はいっさい描かれず、すべてそれは梵字によって表現されている。梵字の曼陀羅自体は決して珍しいものではないが、仏の代わりに多くの梵字を描くことで神秘性がより強く打ち出されている。

胎蔵界曼陀羅の裏面には、やはり梵字を使って「仏眼仏母《ぶつげんぶつも》曼陀羅」が描かれている。仏眼仏母は、眼を神格化した密教の仏であり、その部分は刳《く》り抜かれた形になっていて、鏡がはめ込まれている。その鏡は、州浜桜樹双鶴鏡《すはまおうじゅそうかくきょう》と呼ばれるものである。

金剛界曼陀羅の裏にも愛染《あいぜん》明王にまつわる「愛染曼陀羅」が描かれており、やはりそこには甜瓜蜘網双雀鏡《てんかちもうそうじゃくきょう》がはめ込まれるようになっている。

州浜桜樹双鶴鏡は内宮の本地仏を示す御正体であり、甜瓜蜘網双雀鏡は外宮の御正体である。これは、内宮が胎蔵界に、外宮が金剛界にたとえられていることを意味する。伊勢神宮は密教の世界観を表現する神聖な空間に位置づけられていたわけである。

これが、西大寺に伝えられてきたのは、この寺を再興し、真言律宗をはじめた叡尊《えいそん》が、伊勢神宮に対する強い信仰をもっていたからである。大神宮御正体が、叡尊とどのようなかかわりをもつのかは明らかになっていないが、厨子のなかからは叡尊が伊勢神宮に参詣したことにかんする文書が発見されている。

そこには、真言宗の信仰を採り入れた神道の理論、「両部《りょうぶ》神道」の影響があったものと考えられる。こうしたことが、伊勢神宮の境内に密教の祈禱所が設けられることに結びついていったわけである。

伊勢神宮と密教との強い結びつき

もう一つ、現在ではやはり「大神宮御正体」と呼ばれるものが奈良の室生寺《むろうじ》に伝えられている。こちらは、白銅鋳製の鏡で、その背面の中央には、立てた金剛杵《こんごうしょ》の上に宝珠を載せた密観宝珠が浮き彫りになっている。鏡の背面は、線によって外側と内側の二つの区画に分けられているが、外側には大神宮や奈良県橿原《かしはら》市の天太玉命《あめのふとたま》神社、そして春日神社の名前が記され、密観宝珠が大神宮の本地で、相殿《あいどの》に二柱の神を祀るものであることが示されている。ここでは、大日如来が本地仏とはされていないわけだが、伊勢神宮の密教との強い結びつきが示されている。

密教の信仰は、インドにおいて大乗仏教がヒンドゥー教の神秘思想と習合したところに生まれたもので、呪術によって現実の操作を可能にするという点で広く信仰を集めた。密教は、平安時代に中国を経て日本に本格的な形で伝えられたが、当時、日本の仏教界を席捲する勢いを見せた。

そのなかで、密教の本尊である大日如来が、日本の神々の世界においては最高位に位置づけられる天照大神と結びつけられ、両者は、本地仏と垂迹神の関係でとらえられた。密教信仰が広まることで、大日如来の地位は釈迦如来以上に高まっていったものと見ることができる。

フランシスコ・ザビエルが、キリスト教を伝えるために日本にやってきたとき、最初、デウスを大日《だいにち》として広めていったのも、大日如来こそが仏教の中心であるという考え方が当時確立されていたからであろう。

描ききれない八幡神

一方、八幡神、八幡大菩薩の方では、宇佐神宮には弥勒寺という神宮寺があったが、石清水八幡宮にも雄徳山《おとこやま》護国寺という神宮寺が設けられた。その社殿が建つ男山には四八の堂舎僧坊が建ち並び、江戸時代末期でも二三坊があったとされる。その点で、まさに神仏習合の状況を示していたわけで、社殿に本地仏を配した「石清水宮曼陀羅」といったものも伝えられている。

京都国立博物館に所蔵されたこの曼陀羅では、社殿の中央に八幡神の本地仏である阿弥陀如来が描かれ、右には神功皇后の本地仏である観音菩薩、左には比売《ひめ》神の勢至《せいし》菩薩が描かれている。摂社にも本地仏が描かれている。

これと同類のものとしては、京都の来迎寺《らいごうじ》に伝わるものとして、「石清水垂迹神曼陀羅（あるいは八幡曼荼羅図）」がある。そこでは、八幡三神と四つの摂社の祭神が神像として描かれている。ただ、八幡神について、こうしたものはあまり多くは伝えられていない。

八幡神が造形されたものとしては、すでに第三章でふれた僧形八幡神がある。特異なものとしては、仁和寺《にんなじ》に伝わる鎌倉時代、一三世紀の「僧形八幡神影向図《ようごうず》」というものがある。これは、扉の開かれた建物のなかに、横向きに背を向けて僧侶が立ち、それを二人の貴人が跪拝《きはい》している場面を描いたもので、その僧侶が僧形の八幡神と考えられる。ほかに類例のない珍しい絵であり、その点で注目されるが、八幡神を描いた宗教美術は決して多くはない。

八幡神の本地仏が阿弥陀如来であるなら、数多く描かれた「来迎図」に登場していても不思議ではない。しかし、そうしたものはまったく存在しない。

菩薩であれば、仏像や仏画として表現されるわけだが、八幡大菩薩の仏像や仏画は見かけない。三社託宣がその例外であるとも言える。八幡神、八幡大菩薩は、不思議なほど描き出されない神仏なのである。

春日大社と興福寺

その意味については、この章の終わりにふれることにして、春日神の場合を見てみよう。春日神は、八幡神とは打って変わって、実にさまざまな形で宗教美術として描き出されている。その点では、天照大神をもはるかに凌駕している。

ただその前に、春日神の正体ということを考えておかなければならない。

天照大神は『古事記』などの神話に出てくる神であり、一方、八幡神は神話には登場しない渡来神である。それに対して、奈良の春日大社に祀られ、全国では神社のなかで一一番目に多い春日神社に祀られる春日神は、『古事記』にも登場しなければ、渡来神というわけでもない。

しかし、これは必ずしも正確な言い方ではない。

春日大社の本殿には、四つの神殿が建ち並び、そこには、それぞれ武甕槌《たけみかづち》命（建御雷之男神）、経津主《ふつぬし》命、天児屋根《あめのこやね》命、比売《ひめ》神が祀られている。最後の比売神は天児屋根命の妻という位置づけで、それを除けば、どれも『古事記』や『日本書紀』に登場する神々だからである。

武甕槌命は、伊邪那岐《いざなぎ》命が火之迦具土《ひのかぐつち》神の首を切り落としたとき、十拳剣《とつかのつるぎ》の根元についた血が岩に飛び散ったときに生まれた三柱の神の一つとされる。茨城にある鹿島神宮の主神とされ、「鹿島神」とも呼ばれる。

この武甕槌命は、出雲の国譲りの際には、経津主命とともに大国主神にそれを迫る役割を果たす。そして、経津主命は鹿島神宮とは利根川をはさんで向かい側にある香取神宮の主神となっている。やはり「香取神」とも呼ばれる。

一方、天児屋根命は、天照大神が岩戸隠れの場面において、岩戸を少し開いたとき、鏡を差し出した神の一つで、中臣連《なかとみのむらじ》の祖神とされている。

春日大社は、藤原氏の氏神であり、その藤原氏の祖は中臣《なかとみの》（藤原）鎌足《かまたり》である。その点では、天児屋根命が春日大社に祀られ、春日神の一角を占めるのは当然のことである。

平安時代後期に成立した『大鏡』では、藤原鎌足の出生の地が鹿島であるとされているが、他の史料では大和とされている。鹿島神宮の主神が春日大社に勧請されたことで、鎌足が鹿島で生まれたという伝承が生まれた可能性が考えられる。

なぜ、鹿島神宮と香取神宮から祭神が勧請されたのか、その謎を解くことができたら、春日神の正体も、今以上に明らかになるであろうが、今のところその手立てはない。天児屋根命と比売神は東大阪の枚岡《ひらおか》神社から勧請されたとされている。

東大寺の正倉院におさめられた文書のなかに、大仏の開眼法要が行われた四年後に描かれた「天平勝宝八歳東大寺山堺四至図《てんぴょうしょうほうはっさいとうだいじさんかいしいしず》」というものがある。これは、二〇一一年の第六三回正倉院展にも出品されているが、その絵図を見ると、現在春日大社がある場所は「神地」という形で四角で示されているだけである。その背後には御蓋《みかさ》山があり、この時代は、御蓋山が神体山として信仰の対象となっていたものと思われる。

春日大社について重要なことは、隣接する興福寺との関係である。

興福寺は、鎌足の夫人であった鏡女王《かがみのおおきみ》が夫の病気平癒を願って天智《てんち》天皇八（六六九）年に現在の京都府京都市山科区に創建した山階《やましな》寺がその元になっている。山階寺は、藤原京に移って厩坂《うまやさか》寺となり、さらに平城遷都にともなって現在の場所に移って興福寺と称されるようになる。

したがって、興福寺は藤原氏の氏寺ということになる。興福寺の創建が和銅三（七一〇）年で、春日大社は神護景雲二（七六八）年だから、氏寺のあるところに氏神が祀られた形になるが、近年の発掘調査では、それ以前にそこで祭祀が行われていた可能性も出てきている。

藤原氏は、一族の繁栄を願って盛装し、行列を組んで春日大社を参詣する「春日詣」を行うようになり、外戚関係にあった天皇にも春日大社への行幸を促す。当時、天皇が洛外にある神社仏閣に行幸することは珍しいことだった。

そして、大和国全体が春日大社の神領となり、春日大社を興福寺が支配する体制が作られる。それは、藤原氏の財政基盤ともなるが、興福寺は春日神を、自分たちの宗派である法相宗を守護する存在と位置づけ、「法華八講」と呼ばれる行事に際しては、春日大社の社頭で読経した。これは、今日では毎年一月二日に行われる「日供始式《にっくはじめしき》並《ならびに》興福寺《こうふくじ》貫首《かんす》社《しゃ》参式《さんしき》」に受け継がれている。

平安時代の長保《ちょうほう》五（一〇〇三）年には、天児屋根命と比売神の子である天押雲根《あめのおしくもね》命が出現したということで、若宮が祀られるようになる。そして、平安時代末期になると、神仏習合の考え方にもとづいて、一宮の鹿島神の本地仏は釈迦如来か不空羂索《ふくうけんさく》観音、二宮の香取神は薬師如来か弥勒菩薩、三宮の天児屋根命は地蔵菩薩、四宮の比売神は十一面観音か大日如来、そして若宮は文殊菩薩と定まっていく。

鹿島神の本地仏が釈迦如来とされたのは、興福寺の中金堂《ちゅうこんどう》の本尊だったからである。薬師如来は東金堂の本尊で、不空羂索観音は最初講堂に祀られていたのが南円堂に移され、弥勒菩薩は北円堂の本尊であった。興福寺の各堂宇の本尊が春日神の本地仏とされたのである。

　本地垂迹説にもとづく本地仏と垂迹神の関係は、どこでも見られるものだが、春日神の場合には、それにもとづいて「春日宮曼陀羅」が数多く作られていったところに特徴がある。春日宮曼陀羅は、御蓋山を背景にして春日大社の境内を描き、山の上や麓に本地仏を描き出したものである。春日大社の下に興福寺の境内が描かれたものもあった。

　春日大社の上に西方極楽浄土の姿を描いたものもあり、浄土教信仰が春日大社・興福寺にも浸透したことを意味するが、春日大社の神域が浄土と見なされていたことになる。

　春日宮曼陀羅は、今でもかなりの数が残されているが、それは、京の都に住む藤原氏の貴族たちが、屋敷に架けて拝んだからであろう。京都から奈良まではかなりの距離があり、そう頻繁に訪れるわけにはいかなかった。

　春日宮曼陀羅のなかには、一つのバリエーションとして、「春日鹿曼陀羅」というものもある。これは、春日神の使いとされる鹿を描いたもので、鹿の背には鞍がおかれ、そこに榊が載せられている。榊の枝は金色の日輪によって囲まれ、そのなかには本地仏が描かれているのである。

　この春日鹿曼陀羅を金銅製の像として描き出したのが京都の細見《ほそみ》美術館に所蔵されている「春日神鹿御正体」である。これは、鎌倉時代から南北朝時代にかけてのもので、曼陀羅がそのまま銅像になったものである。

神が姿形をもつものとしてあらわれた

このように、春日神の場合には、宮曼陀羅として描かれることによって、興福寺との密接な関係が示され、本地仏と垂迹神という神仏習合の形が極めて明確なものとして表現された。すでに述べた石清水宮曼陀羅などは、春日宮曼陀羅と似ている。しかし、八幡神については、それを描いた曼陀羅はそれほど多くは作られなかったのである。

神という存在は目に見えないものである。神社の本殿に神が祀られているとはされていても、神は形をもつものではなく、鏡などの御神体に宿るものと考えられている。

ところが、宮曼陀羅や御正体では、それぞれの神の本地仏が描き出されることになる。まさにそれが本地垂迹ということになるのだが、それによって結果的に、神は姿形をもつものとして人々の前にあらわれることになる。

ただ、八幡大菩薩の場合には、すでに見てきたように、その姿が描き出されることは比較的少なかったのである。

八幡大菩薩については、武家のあいだで、「弓矢《ゆみや》八幡照覧《はちまんしょうらん》あれ」といった言い方がなされるようになる。これは、八幡大菩薩に対して誓約を行うものだが、他の神がその対象に選ばれることはあまりなかった。

それは、八幡大菩薩が武家の守護神となったからでもあるが、武家はいかなる場所においても、この「弓矢八幡照覧あれ」と誓約することができた。

これは、八幡大菩薩が、それが祀られた宇佐や石清水、あるいは鶴岡の地を離れて信仰されたことを意味する。第一章で、日本の神が場所性を特徴とするということについてふれた。神に祈るには、その神が鎮座するところへ出向かなければそれがかなわないのである。

ところが、八幡大菩薩、つまりは八幡神に限っては、どこでも祈願が可能だったわけで、場所性を乗り越えていったと見ることもできるのである。

日本の歴史に忽然とあらわれ、第二の皇祖神の地位を獲得した八幡神は、八幡大菩薩という形で、中世から近世にかけて支配的だった神仏習合の象徴的な存在となり、さらには、武家の神となることで、特定の場所に祀られるという日本の神のあり方からもはみ出していった。その裏には、前の章でふれたように、応神天皇の天照大神に対する復讐劇があったのかもしれないのだ。

八幡神は、実に不思議な神である。また、相当に強力な神でもある。八幡神については、研究も少なくないし、関連する書物も数多く書かれている。それだけ、この神には謎があり、しかも、日本人の信仰を考える上で極めて重要な存在だからである。

平将門は「新皇」と称して、東国の独立を画策するが、その際に八幡大菩薩の使者と名乗る巫女が次のような託宣を下した。「朕が位を蔭子《おんし》平将門に授け奉る」。蔭子とは、親王などの高貴な人間のことをさす。応神天皇と習合した八幡神は、平将門を自らの子、つまりは新たな天皇としたというわけである(『将門記』)。

仮に、八幡神がこれにとどまらず、頻繁に託宣を下すようになり、そこに重大なメッセージが込められていたら、その存在感はいっそう強いものになっていたであろう。託宣が、私たち日本人のあるべき生き方を示唆するような内容のものになっていたとしたら、その後の展開はまったく違ったものになっていたはずだ。

それは、モーセの前にあらわれた神が十戒を下したときに匹敵する出来事になっていたかもしれない。あるいは、ムハンマドの前にあらわれた神が天使ガブリエルを通してそのメッセージを下したときと似た状況になっていたに違いない。

そうなれば、そこには、創唱宗教と呼べるような新たな宗教が誕生していたかもしれない。実際、八幡神は、大仏建立のおりや、道鏡をめぐる事件の際に相当に重要な託宣を下している。今述べた可能性がまったくなかったとは言えないのだ。

幕末から近代社会に入っていくと、後にふれるように数多くの生き神があらわれた。生き神は、それまで眠っていた神を甦らせ、そのことばを伝えた。もし、その際に八幡神が生き神として降っていたとしたら、私たちはまったく新しい強力な宗教の出現という事態に遭遇していたかもしれないのである。

第五章　出雲大社と大国主、そして出雲国造

出雲大社の一六丈説

二〇一三年に、出雲大社で遷宮が行われたことについては、「はじめに」でもふれた。それは、伊勢神宮の式年遷宮と重なったため、かなり大きな話題になった。遷宮がなった両社に参拝するツアーも組まれた。東京国立博物館では「大神社展」という展覧会が開かれたわけだが、前年には、京都国立博物館で、「大出雲展」も開催されている。

遷宮によって大いに注目を集めた出雲大社であるが、さまざまな点で、この神社には謎がつきまとっている。

たとえば、その社殿である。

現在の本殿は、江戸時代の延享《えんきょう》元（一七四四）年に建てられたもので、その高さは八丈、24メートルに及んでいる。これだけの高さをもつ神社の社殿はほかに存在しない。

出雲大社では大きな注連縄《しめなわ》も有名で、本殿西の神楽殿にあるものは、長さ13メートル、周囲9メートルあり、重さは5トンにも及んでいる。この注連縄に硬貨を投げ上げ、それが挟まるとご利益があるとされるため、修学旅行生などが懸命に硬貨を投げ上げている光景に出会ったりもする。

大きな社殿が出雲大社の特徴だが、中古の時代において、本殿の高さは一六丈《じょう》（48メートル）にも及んでいたという伝承がある。さらには、三二丈（96メートル）説さえ唱えられている。通常の感覚からすれば、100メートル近い高さの社殿がかつてあったなど想像もできないことである。

ただ、一六丈説については、かなり信憑性があるのではないかと考えられている。もっと言えば、今や定説になっているとも言えるのだ。

一六丈説がはじめて話題になったのは明治時代のことである。明治四一（一九〇八）年から四二年にかけて、建築家で建築史家の伊東忠太と歴史学者で神道研究を専門とする山本信哉《のぶき》とのあいだで出雲大社の高さについて論争がもちあがり、山本が一六丈説を唱えたのである。

その根拠として持ち出されたのが、『口遊《くちずさみ》』という書物だった。『口遊』は、平安時代中期の学者、源為憲が記したもので、子ども向けの教科書のようなものである。算数で使われる九九が最初に記された書物であるとも言われる。

『口遊』では、橋、大仏、建物について当時のベスト3が上げられており、建物については、「雲太《うんた》、和二《わに》、京三《きょうさん》」と記されている。その上で、「今案ずるに雲太とは出雲の国城築《きづき》明神の神殿をいふ。和二とは大和の国東大寺の大仏殿をいふ。京三とは太極殿《だいごくでん》をいふ」と説明されている。

城築明神とは、当時の出雲大社の名称である。明治に入るまで、出雲大社という呼称は用いられず、杵築大社と呼ばれていた。城築と杵築はともに「きづき」と読む。出雲大社は、東大寺の大仏殿や京の都にある太極殿よりも高いというのだ。ちなみに、当時の大仏殿の高さは一五丈だった。これが、一六丈説の根拠として持ち出されたのである。

これだけだと、本当にそうだったのか疑いが出てくるが、一六丈説を裏づける証拠はいくつか存在している。

『玉勝間』に掲載された「金輪造営之図」

たとえば、鎌倉時代の初期に出雲大社に参詣した歌人で僧侶の寂蓮法師（藤原定長）は、「出雲の大社に詣でて見侍りければ、天雲たな引く山のなかばまで、かたそぎ（千木のこと）のみえけるなむ、此の世の事とも覚えざりける」と記している。ちなみに出雲大社の背後にある八雲山の標高は175メートルである。出雲大社はほぼ海抜0メートルなので、その半分は80〜90メートルになる。この寂蓮の感想からは、三二丈説さえ十分にあり得ることになる。

かなり有力な証拠としては、国学者の本居宣長《もとおりのりなが》がその著書『玉勝間《たまがつま》』に掲載した「金輪《かなわ》造営之図《ぞうえいのず》」という図面があげられる。これは写しで、千家家に伝わる原図は二〇一二年にはじめて公開された。原図は、鎌倉時代から室町時代、一三世紀から一六世紀の間のものとされる。宣長は、『玉勝間』において、現在の神殿は八丈だが、上古は三二丈で、中古には一六丈であったと記している。ただ、図を写すにあたっては、「心得ぬことのみ多かれど」と述べており、彼が図面に示されたことをそのまま鵜呑みにしていたわけではないことが分かる。

「金輪造営之図」を見ると、三本の材木を金輪で縛って一本の柱とし、その直径は一丈、3メートルに及んでいる。それを縦横等間隔に九本建て、その上に本殿が載るようになっている。本殿に登るための引橋は一町とされているから、１００メートルを超えていたことになる。

直径3メートルの柱と言えば、相当な太さで、宣長が言うように、にわかには信じられない。

ところが、二〇〇〇年から〇一年にかけて、出雲大社境内の遺跡から杉の大木三本を組んだ直径およそ3メートルにもなる巨大な柱が三ヵ所で発見されるという出来事が起こった。これは、鎌倉時代の前半にあたる宝治《ほうじ》二（一二四八）年に造営された本殿を支えていた柱ではないかと推測されているが、これによって「金輪造営之図」に記されたことが事実であった可能性が強まった。

これは戦前の昭和一一（一九三六）年のことだが、建築学者の福山敏男が、一六丈の出雲大社本殿の復元図を作成したことがあった。100メートルを超える長い引橋をあがった上に、九本の巨大な柱に支えられた社殿が載っている形の図である。もし本当に、これだけの高さの建物であったとしたら、寂蓮法師が驚愕したのも無理はないのだ。

倒壊の頻繁な記録

もう一つそれを裏づける興味深い記録がある。公家などの日記を抜粋した『百錬抄《ひゃくれんしょう》』という書物には、長元《ちょうげん》四（一〇三一）年八月、「出雲国杵築社転倒」という記述がある。風もないのに神社が振動し、「材木は一向に中より倒れ伏す、ただ乾の角の一本は倒れず」という状況だったというのだ。

これ以降、出雲大社の神職である出雲国造《いずものくにのみやつこ》の千家《せんげ》家やその分家である北島家に伝わる「千家家古文書」や「北島家文書」などには、「社殿転倒」「出雲大社鳴動」「社殿が傾き転倒せんとす」といった記述が登場する。そうしたものをまとめると、平安時代中期から鎌倉時代初めまでの二〇〇年間に七度も倒れたことになる。

それだけ頻繁に倒れたということは、社殿が相当に高かった証とも考えられる。ただ、そのたびごとに建て替えられているわけで、その点からすれば、それほど立派な社殿ではなかったのではないかとも推測される。

建築大手の大林組は、福山敏男の描いた一六丈の復元図をもとに、プロジェクト・チームを組み、そのシミュレーションを試みている。出雲大社近くにある島根県立古代出雲歴史博物館には、このシミュレーションにもとづいた一〇分の一の模型が展示されている。それはかなり立派な建物で、とても簡単に建て替えられるようなものにはなっていない。

実際に、一六丈なり、三二丈なりの社殿を描いた昔の絵図が残されているのであれば、一番の根拠になりうる。現在のものより前の社殿を描いた絵としては、宝治二（一二四八）年に造営された社殿を描いたとされる「出雲大社 幷《ならびに》神郷図《しんごうず》」がある。これは、出雲大社とその周辺の地域を描いたもので、出雲大社の本殿は高床になっていて、かなりの高さに達していたように描かれている。

ただし、縮尺が示されているわけではないし、どの程度の高さだったかを見定めるのは難しい。本殿の周囲には別の社殿も描かれ、その高さはちょうど高床と同じになっている。問題はその別の社殿の高さだが、それも分からない。それが、一般的に見られる小祠《しょうし》であるなら、それほど高いはずはない。今ならせいぜい二階建ての住宅くらいの高さだろう。そこから考えると、本殿の高さは10メートルを超えていたようには思えない。

こうした点から考えて、最終的な結論を出すことはまだ難しいように思える。頻繁な倒壊の記録は、社殿がかなり高かった可能性を裏づけているにせよ、一六丈、あるいは三二丈だったとしても、今日のような立派な社殿を想像するのは間違いだろう。建て替えが容易な簡素なものであったに違いない。

社殿の大きさが問題になるのは、それが出雲大社がいかに重要な存在であったかということにも結びついていくからである。

出雲大社の周辺では、長い間、重要な考古学的な発掘は行われていなかった。ところが、出雲大社の東、出雲市斐川《ひかわ》町神庭《かんば》西谷《さいだに》では、一九八三年に古墳時代の須恵器《すえき》の破片が発見され、八四年から八五年にかけて発掘調査が行われた。その結果、三五八本もの銅剣をはじめ、銅鐸六個、銅矛一六本が発見された。これほど多くの青銅器が一度に見つかった例はそれまでなかった。その点で、考古学上の大発見となったわけで、これが荒神谷《こうじんだに》遺跡である。

しかも、一九九六年には、荒神谷遺跡の東南、わずか3・6キロのところにある加茂岩倉遺跡から三九個もの銅鐸が発見された。それだけの数の銅鐸がまとまって発見されたのもはじめてのことだった。

何よりも重要なことは、こうした発見によって、古代の出雲地方において高度な文明が栄えていた可能性が浮上したことである。一六丈や三二丈の巨大な社殿も、そうした背景があってこそ建てられたものと想像される。

出雲国造にまつわる謎

このように、出雲大社の神殿には重大な謎があるわけだが、もう一つ重要な謎が、出雲国造にまつわるものである。出雲国造は、現在でも、出雲大社において祭祀を司る存在となっているが、国造という存在自体は、古代においてそれぞれの地域を支配する豪族のことをさしていた。

国造は、「くにのみやつこ」と呼ばれていたが、やがて「こくぞう」と呼ばれるようになり、出雲については、地元では「こくそう」と呼ばれている。出雲国造は、「いずもこくそう」であり、中世の文書では「国曹」と表記されることも多かった。現在、国造として残るのは、出雲のほかには、紀伊国造と阿蘇国造があるだけだ。紀伊国造は日前《ひのくま》神宮と國懸《くにかかす》神宮の祭祀を司り、阿蘇国造は阿蘇神社の祭祀を司っている。

現在では、出雲国造は、千家家と北島家の二つに分かれている。もとは一つで、一四世紀に北島家が分家した。現在、出雲大社の西側には千家家が屋敷を構え、東側には北島家が屋敷を構えている。両家で出雲大社における年間の祭祀を分担しているが、重要な祭祀については本家である千家家が担当する。

『日本書紀』には、出雲大社の祭神である大己貴神《おおなむち》（大国主命）が国譲りに応じ、出雲大社を意味する天日隅宮《あめのひすみのみや》に祀られる話が出てくる。その祭祀を担ったのは天穂日命《あめのほひ》（天菩比神）であり、それが出雲国造の始祖であるとされている。天穂日命は、天照大神と素戔嗚尊（須佐之男命）が誓約をしたときに、天照大神の右のみずらに巻いた勾玉から成った神であり、天照大神の第二子とされた。つまり、出雲国造の祖先は神なのである。

この点で、出雲国造は天皇と共通する。天皇の場合には、天照大神の直系とされ、そのために天照大神を祀っている。ところが、出雲国造が祀るのは、始祖である天穂日命ではなく、大国主命である。大国主命は、『日本書紀』の本文では素戔嗚尊の子どもとされ、『古事記』や『日本書紀』の一書では六世の孫とされている。出雲国造は、自らの始祖の祭祀を担っていないという点では、天皇とは異なっている。なぜ、出雲国造が祖先は神としながら始祖となる神を祀っていないのかということは、一つの大きな謎である。

各国の風土記のなかには、全文が残るものと、断片しか残っていないものがあるが、出雲国の場合には、全文が残っている。それが、『出雲国風土記』であるが、その編纂全般を司った人物として、巻末には出雲国造第二七代の出雲臣廣嶋《ひろしま》の署名がある。その身分については、「国造にして意宇《おう》の郡《こおり》の大領《おおみやつこ》を帯びたる外正《げしょう》六位上勲十二等」と記されている。この意宇の郡は、現在の松江市の南にあたり、出雲では先進地帯であったため、国衙《こくが》もおかれていた。出雲国造は、現在の出雲大社ではなく、それよりも東の地域に居を構えていたのである。

意宇の郡にいたときの出雲国造が館を構えていたのは、現在、神魂《かもす》神社が建っている場所であると考えられている。そこには、天正《てんしょう》一一（一五八三）年に再建された社殿が建っているが、それは現存する最古の大社造で国宝にも指定されている。高さは出雲大社の三分の二ほどだが、大社造のより古い形を伝えていると言われる。

現在、神魂神社の祭神は伊邪那岐命と伊邪那美命だが、それは中世末期以降のことで、文献の初見も一三世紀はじめまでしか遡れない。古代には、この神社は存在しなかったものと思われる。明治時代になるまで、神魂神社には出雲国造の別館があり、そこはもともと出雲国造の館であった可能性が高い。

しかも、その時代に出雲国造が祀っていたのは、神魂神社のさらに南にある熊野大社であったものと考えられる。出雲国において大社と呼ばれるのは、熊野大社と現在の出雲大社、当時の杵築大社だけである。『出雲国風土記』にも熊野大社として登場し、出雲国一之宮と称している。熊野大社の方が杵築大社よりも格が高かったのだ。出雲国造が代替わりをする際、神火《じんか》を鑽《き》り出してくるのも、この熊野大社からである。

古代において、出雲国造は、意宇の郡、現在の神魂神社の境内地に屋敷を構え、熊野大社の祭祀を行っていたものと考えられる。熊野大社の祭神について、『出雲国風土記』では、伊弉奈枳乃麻奈子坐熊野加武呂乃命《いざなぎのまなごにますくまのかむろのみこと》とされる。延喜式に収められた「出雲国 造 神賀《いづものくにのみやつこのかんよ》詞《ごと》」では、伊射那岐乃日真名子加夫呂岐熊野大神櫛御気野《いざなぎのひまなこかぶろぎくまのおおかみくしみけぬ》命とある。これは、伊弉諾尊《いざなぎのみこと》（伊邪那岐命）の御子である櫛御気野命の意味である。現在の祭神は、加夫呂伎熊野大神櫛御気野命と称される素戔嗚尊（須佐之男命）とされているが、この結びつきは後世になってからのものと考えられる。出雲大社の祭神は、現在は大国主命だが、中古においては須佐之男命とされており、そのことが影響した可能性が考えられる。

その後、出雲国造は、意宇の郡から杵築大社のある杵築の方へと移っていくが、それがいつのことだったかについては、はっきりとはしない。出雲国造の第八二代千家尊統《たかむね》は、平安時代の法令集『類聚三代格《るいじゅさんだいきゃく》』に見られる太政官符に、出雲国造は慶雲《けいうん》三（七〇六）年から延暦一七（七九八）年まで意宇郡大領《だいりょう》を兼帯したという記述があることから、「政治的権威をうしなった平安初期に、意宇郡には大庭の熊野の神の遥拝祠ならびに国造館をのこして、大国主神鎮座の杵築の地にあげて移転し、宗教的権威にひたすら生きることになったのではあるまいか」と推測している（『出雲大社［第三版］』学生社）。

出雲国造の代替わりの儀式

現在では、出雲国造は、意宇から杵築に移る以前にも杵築大社の祭祀を担っていたと考えられている。しかし、本当にそうだったのだろうか。少なくとも、移転以前の出雲国造にとって重要なのは熊野大社の祭祀であり、杵築大社のそれではなかったはずだ。

あるいはそこに、出雲国造の祖神が大国主命ではなく、天穂日命とされていることが関係しているのかもしれない。杵築大社では、大国主命が祀られていたものの、出雲国造はそこと関係しなかったために、天穂日命を始祖とするという伝承が生まれたのではないだろうか。天穂日命が熊野大社の祭神であれば、その可能性がより強くなるが、そうした伝承は存在しない。

出雲国造の代替わりの儀式は、「火継式」と呼ばれる。出雲国造は、その地位にあるあいだ、屋敷のなかにある「斎火殿《さいかでん》（お火所《ひどころ》）」において火継式で受け継ぐ神火を灯し続け、この神火で調理したものだけを食べる。家族とは料理のための火を分ける別火別鍋《べっかべつなべ》は、他の神社の祭祀でも行われるが、生涯火を分けるのは出雲国造だけである。この神火は、国造を相続する際に新たに鑽り出すわけだ。

前の国造が亡くなると、その後継者は、古代から伝えられているとされる燧臼《ひきりうす》と燧杵《ひきりぎね》をもって国造館を出発し、熊野大社へむかう。新たに国造となる者は、熊野大社の鑽火殿《さんかでん》で臼と杵を使って神火を鑽り出してくるのである。

これで亡くなった国造から新しい国造に神火の相続がなされたと見なされるが、昔は、その知らせが国造家にもたらされると、亡くなった前の国造の遺体は赤い牛に乗せて運び出され、杵築大社の東南にある菱根の池に水葬され、墓は造られなかった。墓が造られないのは、国造はその祖先である天穂日命と一体であり、永遠に生き続けるものと考えられているからである。

江戸時代、林羅山《らざん》の林家が編纂した編年体の歴史書『本朝通鑑《ほんちょうつがん》』の編輯日記である『国史館日録』では、「出雲国造家では父死して後嗣が国造になっても、その族はこのために哭《な》く者なく、いずれも新国造の襲職《しゅうしょく》を賀す、子は父の葬に会することなく服忌がない」と記されている。出雲国造は永遠の存在であり、肉体はあくまで仮のものにすぎないということになる。

千家尊統は、火継式から思い当たるのが天皇の大嘗祭《だいじょうさい》であるとしている。大嘗祭では、代々の天皇に宿るとされる天皇霊が先代の天皇から新しい天皇に受け継がれていく。絶やしてはならないとされる神火は国造の魂の象徴であり、火継式は実は霊継《ひつぎ》式だというのである（前掲『出雲大社』）。大嘗祭のあり方については、国文学者で民俗学者の折口信夫《おりくちしのぶ》が、「大嘗祭の本義」という論文のなかで詳しく論じている。

出雲国造のあり方が天皇に近いのは、両者がともに、神を始祖にもつからである。そして、天皇が、近代における国家神道の体制のもとで現人神《あらひとがみ》と見なされたように、出雲国造も神として見なされていた可能性があるのだ。

佐草自清と出雲大社の本殿

そのことを示すためには、まず、出雲大社の本殿の内部構造について見ていかなければならない。

現在では、祭儀は本殿の前の拝殿で行われる。ところが、本殿の内部中央には、それを支える九本の柱のなかでも一番太い「心御柱《しんのみはしら》」があり、扉からなかへ入ると、心御柱と右中央の側柱の間は板で仕切られている。そして、仕切の奥には神座があり、それは小さな社になっている。

神座は、扉の方から見れば横向きになっていて、左側に扉がある。そして、神座の扉の前、本殿の左奥には客座五神として天之御中主《あめのみなかぬし》神、高御産巣日《たかみむすび》神、神産巣日《かみむすび》神、宇麻志阿《うましあ》斯訶備比古遅《しかびひこじ》神、天之常立《あめのとこたち》神が祀られている。こちらは正面南向きだが、神座は西の方角を向いていることになる。

つまり、現在拝礼を行う人間の側には向いていないことになる。それに関連して、出雲大社では、本殿の西側に回り、そこから参拝するのが正しいやり方だとも伝えられている。

神座は本殿の四分の一を占めていて、畳にすると一五畳ほどの広さになっている。客座五神の方は、祭神が並んで祀られる形式になっている。摂社や末社が一つにして祀られている神社があるが、そういうものと同じだ。要するに、出雲大社の本殿の内部は、一般の神社で言えば、境内に近い形になっているわけである。

なぜ神座が西向きなのかについて、その理由ははっきりしない。そのために、さまざまな解釈を呼んでいる。その問題にはここでは立ち入らないが、本殿の内部がこうした空間構成になっているということは、そこが祭儀を行うための場であったことを意味する。逆に、拝殿の前で祭儀を行うことの方が理にかなっていないことになる。すでに述べたように、拝殿で祭儀を行う場合、神職は祭神の方向をむいていないからである。

実際、神座のある本殿内部で祭儀が行われていたことを示す図と絵がある。

一つは、出雲大社で江戸時代に神職をつとめた佐草自清《さくさよりきよ》の「出雲水青随筆《みつはる》」にある「本社御供《ごく》之図」である。その図を見ると、「御内殿」と書かれた神座の位置と方向は現在と同じだが、左奥に客座五神が鎮まっているところはなく、右奥にただ客座と記されている。内殿の前には国造の座がもうけられ、さらにその前には机があって、飯、酒、菓子が供えられている。これは、国造自体が神として祭祀の対象になっていた可能性を示している。こうした本殿内での祭儀は、「殿内祭祀」と呼ばれる。

なお、今日の出雲大社の建物が生まれるにあたって、佐草自清はきわめて重要な役割を果たしている。佐草は千家家の上級神職の家柄に生まれたものの、北島家方の上級神職、佐草家を継ぎ、寛文七（一六六七）年の遷宮においては幕府や松江藩との折衝にあたった。

当初、幕府側は、東照宮のように、組物を多用し、蟇股《かえるまた》などを配したかなり装飾的な建物にすることを考えていた。これに真っ向から異議を唱えたのが佐草らで、最終的にはそちらの意向が通り、出雲大社の本殿は装飾的な要素のない直線的な部材によるものになった。現在の本殿は、この寛文年間の遷宮のときの建物にならって造営されたものであり、その伝統は今日まで受け継がれ、出雲大社から古代のイメージを喚起させることに結びついている（『国宝の美』22、朝日新聞出版を参照）。

「本殿内および座配の図」での国造

もう一つ、これは千家家が明治時代に創設した教派神道の教団である出雲大社教が所蔵する「本殿内および座配の図」という絵画である。これは近世のものとされるが、「本社御供之図」に示されているのとは違う配置で行われる殿内祭祀の様子が描かれている。

まず心御柱の前には童子《どうじ》の姿があるが、これは若経津主神《わかふつぬし》を模した人形だとされる。そのさらに右横には、斑模様の牛が見えるが、これは「本社御供之図」の方にもあり、現在でも本殿内部で祀られている「牛飼神」である。この牛飼神は、「和加布都努志命」であり、それは「わかふつぬしのみこと」と読まれるので、若経津主神と同一の神だということになる。となると、童子の人形が本当に若経津主神なのか疑問が残る。

注目されるのは、衣冠束帯の国造とおぼしき人物が、その心御柱と左の側柱の奥に正面を向いて座っている点である。その前には、やはり衣冠束帯の一二人の神職が左右の列に分かれて座っている。右の方、人形や牛飼神の前には、服装からそれより位が低いと推測される神職が並び、縁にも数多くの下級神職が座っている。これはやはり殿内祭祀になるが、国造は神座の前にもいないし、その方向さえ向いていない。

ただ、正面から絵を描く必要から、神座を左奥にあるものとして場所を変えてしまったのかもしれない。その可能性は否定できないだろう。神座の位置が動いたとは考えられないからだ。少なくとも国造は神座の前に座しているわけで、祭祀の対象となっていることは間違いない。現在でも、国造だけが本殿の内部に年間一三回入ることが許されているという。その際には、いったいどういう形で祭祀を行うのか、興味がもたれるところである。

なお、神座の位置については、「寛文延享社殿変遷図」という江戸時代の図面にも記されている。これは、寛文年間に建てられた社殿と延享年間に場所を移して建て替えられた社殿の位置関係を示したもので、本殿については、手前と奥が二つの部分に分けられ、奥はさらに左右二つの領域に分けられている。その右には、四角の二重線で神座が示され、左の奥には客座五神の場所が示されている。ただ、神座のどちらが正面かは、この図からは分からない。

出雲国造の始祖は天穂日命という神であり、その系譜につらなる以上、国造自身が神として祀られることは十分に考えられる。国造は生き神にほかならない。ただ、本殿で国造を対象とする祭祀が行われたのが近世だけではなく、より前の時代でもそうだったのかは明らかになっていない。

国造が現人神として祭祀の対象になっていたのなら、大国主命との関係についてはさらに説明が難しくなる。生き神であるからには、そこに祀られた神が人として姿を現したものとなるはずである。となれば、国造は大国主命であったのではないだろうか。ところが、国造の始祖は天穂日命とされているのである。

多くの別名をもつ大国主命

そもそも、大国主命については、さらにさまざまな謎がつきまとっている。

出雲にまつわる神話のなかには、高天原を追放されて出雲に降った須佐之男命による八《や》俣遠呂智《またのおろち》退治の話、櫛名田比売《くしなだひめ》との結婚、須佐之男命の子ども、あるいは六世の孫とされる大国主命の少彦名命（少名毘古那神）との国造り、そして国譲りなどの話が含まれる。ただこれは、『古事記』や『日本書紀』には記されていても、『出雲国風土記』に出てこない。『出雲国風土記』では、大国主命は「越《こし》の八口《やくち》」を平定したとされているだけである。

意宇の郡の母理《もり》郷の条には、「天の下所造《ツク》らしし大神、大穴持命、越の八口を平け賜ひて、還りましし時、長江山に来まして詔りたまひしく、『我が造りまして、命《シ》らす国は、皇御孫《スメミマ》命、平らけくみ世所知らせと依さしまつらむ。但、八雲立つ出雲国は、我が静まります国と青垣山廻らし賜ひて、玉珍《タマ》置き賜ひて守らむ』と詔りたまひき」と記されている。

これは、国譲りなどの神話が、地元であるはずの出雲でできたものではなく、中央の大和朝廷の手によって作られたものである可能性を示唆している。もちろん、国譲りの神話の背後に、どういった歴史的な事実があるのかは不明だが、出雲の位置づけに、中央と出雲とでは大きな隔たりがあった。

『出雲国風土記』では、大国主命は、「天の下造らしし大神」と呼ばれ、出雲に限らず、地上の世界全体を造り上げた神として位置づけられている。となれば、伊邪那岐命や伊邪那美命、あるいは天照大神以上に創造神としての性格を強くもっていたとも言える。

しかし、『古事記』や『日本書紀』になると、そうした側面よりも、大国主命が、多くの名前をもっていることが目に付く。『古事記』では、大穴牟遅《おおなむち》神、葦原色許男《あしはらしこお》神、八千矛《やちほこ》神、宇都志国玉《うつしくにたま》神という別名をもつとされ、『日本書紀』でも、大物主神、国作大己貴命、葦原醜男、八千戈神、大国玉神、顕国玉神といった別名があげられている。ほかにも、『土佐国風土記』で大穴六道尊《おおなむちのみこと》という別名が示されているが、他の史料でもさらに別の名前で呼ばれており、大国主命の別名はかなりの数におよんでいる。

これだけ、多くの別名をもつ神はほかにいない。瀧音能之《たきおとよしゆき》は、「オオクニヌシとは複数の神が一つに統合されたという解釈も成り立つでしょう」と述べているが、その可能性は十分に考えられる。謎が多いのも、それぞれの神に関連するいくつもの物語が一つにまとめられたからではないだろうか（『出雲大社の謎』朝日新書）。

大国主命は「幽冥の世界を支配」するという考え方

さらに、大国主命のあり方を複雑にしているのが、大黒天との関係である。

本来、日本神話に由来する大国主命と、ヒンドゥー教におけるシヴァ神の化身であるマハーカーラに由来する大黒天とは関係がない。ところが、大黒天は仏教に採り入れられて、その守護神としての役割を担うようになる。

「大国」は「だいこく」と読めるわけで、そこから大国主命と大黒天が習合していくことになる。それは、中世から近世にかけて一般化した神仏習合の流れのなかで起ったことであり、その時代には神道の神と仏教の仏が深く融合していったのである。

原武史は、室町時代以降、急速に両者の同一化が進み、一般の人々は、頭巾をかぶって、右手に小槌を、左手に袋を背負って米俵の上に乗る福の神、台所の神が出雲大社に鎮座していると考えるようになったと述べている（『〈出雲〉という思想――近代日本の抹殺された神々』講談社学術文庫）。

ただ、その際に、大黒とは書かれず、あくまで大国と書かれていた。島根県立古代出雲歴史博物館が所蔵する江戸時代の「玉持大国像」では、烏帽子に狩衣を着けた大国像が、俵の上にすわり、手には丸い珠を抱えている。西岡和彦は、この絵の背景に山崎闇斎《あんさい》の垂《すい》加《か》神道の考え方があるとする。闇斎は珠を大国主神の幸霊奇霊と解釈した（「大国神像考」『神道文化』第一七号）。

一時、出雲大社の祭神が、大国主神から素戔嗚尊（須佐之男命）に変わっていたことについてはすでに述べたが、そこにも神仏習合の信仰が関係していた。

前掲の「出雲国造神賀詞」では、祭神は大国主神とされていたので、平安時代の中期までは祭神の交替は起こっていなかったことになる。

ところが、九世紀はじめから一〇世紀はじめにかけて編纂された『先代旧事本紀《くじ》』や一二世紀に成立した『長寛勘文《ちょうかんかんもん》』では、出雲大社の祭神は素戔嗚尊であるとされていた。また、長州藩の第二代藩主、毛利綱広が寛文六（一六六六）年に寄進した銅の鳥居には、「素《す》戔嗚尊者雲陽大社神也《さのおのみことはうんようたいしゃのかみなり》」と記されていた。雲陽《うんよう》とは出雲のことである。こうした点からすれば、九世紀から一七世紀までのかなり長い間にわたって、杵築大社の祭神は素戔嗚尊とされていたことになる。

そこには、出雲大社とは山を隔ててその南東にある天台宗の寺院、鰐淵寺《がくえん》の影響があった。鰐淵寺は、出雲大社の神宮寺にあたるもので、中世においては大般若経転読などを営むことで出雲大社の祭事の一端を担っていた。その鰐淵寺に伝わる『出雲国浮浪山《ふろうさん》鰐淵寺略縁起』では、出雲大社の祭神は素戔嗚尊で、その本地仏は蔵王権現とされていた。

素戔嗚尊は、記紀《きき》神話では、出雲の鳥髪《とりかみ》山（現在の船通《せんつう》山）に降り立ち、八岐大蛇《やまたのおろち》（八俣遠呂智）を退治したとされている。また、死者が赴く根の国にいたときには、やってきた大国主命に試練を与え、娘を大国主命に妻として与えたとされている。

こうした点で、素戔嗚尊は大国主命の上に立つ征服者の意味合いが強い。その素戔嗚尊を祭神とするということは、出雲が大和に屈したことを形にして表現したことになる。大国主命から素戔嗚尊への祭神の変更は、中央への恭順を示すという意味合いがあったのかもしれない。

ただこれも、寛文年間の遷宮の際に、元に戻され、ふたたび大国主命が祭神として祀られるようになる。同時に、境内にあった仏堂や仏塔は破壊された。それは、出雲大社の側の主体性を回復するための試みであったと見ることができる。

そもそも『日本書紀』巻第二神代下第九段の一書第二においては、高皇産霊尊が武甕槌神と経津主神を遣わして、大己貴神《おおなむち》に、「夫《そ》れ汝が治《しら》す顕露《あらわ》の事は、是《これ》吾孫《すめみま》治すべし」と、国譲りを迫ったとされる。その代償として、天日隅宮《あめのひすみのみや》を作って、そこを住む場所として与えると言ったのに対して、大己貴神が「吾が治す顕露の事は、皇孫《すめみま》当《まさ》に治めたまふべし。吾は退《さ》りて幽事《かくれたること》を治めむ」と答える場面が出てくる。

これは、『日本書紀』の本文には出てこないものだが、ここから、大己貴神、つまりは大国主命が現実の世界とは異なる神秘の世界、幽冥の世界を支配する存在であるという考え方が生まれる。それは、原武史が指摘しているように、とくに室町時代以降注目されるようになり、近世国学においてはくり返しとり上げられることになるのである（前掲『〈出雲〉という思想』）。

このように、大国主命のことを追っていくと、実にさまざまな事柄が登場し、謎は深まり、追えば追うほど収拾がつかなくなる。いったい、その正体は何なのか、それはかなり複雑で答えが出ないのである。

祀ることによる神の変容

そもそも、多様な別名をもつ大国主命は、さまざまな神々が合わさったものと考えられる。しかし、それを構成する個別の神の正体というものも明らかではなく、どういった過程を経て、一つに合わさっていったかも不明である。すでに『古事記』や『日本書紀』の段階で別名が明らかにされており、それ以前の史料というものが存在しないからである。

大国主命にかんする神話についても、『古事記』や『日本書紀』と『出雲国風土記』では異なっている。後者では、出雲国、ないしは地上の建国者としてのイメージが色濃いが、前者では、国生みにかかわりつつ国譲りをした側に位置づけられており、その立場は弱い。そして、現実の地上の世界からは退き、幽冥界の支配者の地位に就いたとされる。

この点でも、大国主命のイメージ、正体というものは分裂しており、一つに統合されない。しかも、中世に入ってからの神仏習合の信仰のなかでは、仏教の守護神である大黒天と習合し、また別の性格を持つに至る。大黒天、あるいは大国天には、幽冥界の支配者というイメージは付加されていない。

大国主命のことを考えていくと、解くことができない連立方程式に直面しているような気持ちになってくる。それほどこの神の存在は不可解で曖昧であり、さまざまな点で複雑だ。そもそも解を求めること自体が不可能なのかもしれないとも思えてくる。

となると、一つ大きな疑問が生まれてくる。

大国主命を祀っている人々は、出雲国造をはじめ、いったい自分たちはどういう神を祀っていると考えてきたのだろうか。時代が異なれば、杵築大社では異なる祭神が祀られていた。さらには、神仏習合の信仰の影響で、大国天を祀っていた時期もあった。とても、首尾一貫して一つの神を祀ってきたとは言えない。

祭神が交替する例はほかにもある。京都の八坂神社は、近世までは祇園社などと呼ばれ、牛頭天王《ごずてんのう》を祀ってきた。それが、素戔嗚尊と習合することで、明治に入って、素戔嗚尊が祭神とされるようになった。出雲大社では祭神から退いた素戔嗚尊が八坂神社に遷座したかのようでもある。

そうした例はあるものの、出雲大社で考えれば、事態はより複雑である。

いったい出雲大社の祭神は何なのか。大国主命なのか、それとも素戔嗚尊（須佐之男命）なのか。

仮に大国主命だとして、その正体は何なのか。そして、出雲国造と出雲大社の祭神との関係はどうなるのか。

それは、神を祀るということがいったいどういう意味を持つのかという問題にも発展していく。

神を祀るということは、神社を建てて、そこで祭神を対象にして祭祀を行うというところにはとどまらない。

祀ることによって、神が変容していくこともある。祀るということには、鎮めるということもかかわっているが、神は鎮まることによって、当初とは異なる姿をとっていく。そこには、祀る側と祀られるものとの間での相互交渉が関係している。そのために、神の姿は自在に変化し、そこに複雑な世界が展開していくことにもなるのである。

ただ、大国主命にもともと創造神としての性格が与えられていた点は無視できない。少なくとも出雲の国では、大国主命こそが世界の中心に位置する神にほかならなかった。となれば、天照大神も八幡神もその下に位置づけられる可能性があった。出雲大社に祀られた神は、皇祖神以上の存在であったかもしれないのだ。

第六章　神を祀るということ

なぜ「怨霊」が神として祀られたのか

考えてみれば、日本における神の祀り方というものは奇妙なものである。

もちろん、日本の神は、神々はと言うべきかもしれないが、一神教における神とは異なり、創造神でもなければ、絶対的な存在でもない。

さらに、八幡神の場合に見られたように、人間と同様、解脱《げだつ》を求めて仏道修行を行う例さえある。

だが、神は人間とは異なる存在であり、一般には、人よりも神の方が上であるという意識がある。だからこそ私たちは神に対して祈願をしたり、感謝を捧げたりするわけである。かつては、国難が訪れたときに、朝廷が全国の主だった神々に奉幣を捧げ、敵国調伏などの祈願を行ったこともある。

そうした神を祀るのは人の側である。一神教の神が遍在するのに対して、日本の神々は必ずや特定の場所と結びつけられている。特定の場所に神を祀るには、人の手を借りなければならない。つまり、神が地上にあらわれるには、人の力を必要とする。それは、託宣を下すという形であらわれるときにも同様で、人が依代《よりしろ》とならなければ、神はその意志を示すことができないのだ。

要するに、神を祀る上では必ずや人が関わり、その分、人の都合が働くわけだ。しかもその働きは決定的な影響を与える。日本における神の信仰について、多神教であるということが言われることが多いが、こうしたところにも大きな特徴がある。

しかも、これまでの事例からも明らかなように、一度祀られた神は、時間の経過とともにその姿を変えていく。渡来人の神であった八幡神が、いつの間にか国家の大事に影響する存在となり、応神天皇と習合して第二の皇祖神となっていく過程では、極めて重大な変容が起こっていた。人が神を祀るということは、神の変容を促すことでもあるわけである。

さらにもう一つ、そもそも人間の側は、それまで神ではなかった存在を祀り上げることで、それを神に変えることもできる。人には神を生む力が備わっていることにもなる。

ではなぜ日本人は神を祀ってきたのだろうか。

古代における神の祀り方については、これまで見てきた通りである。多くは、朝廷や豪族、氏族などが母体にあり、そうした集団を守護する存在としてそれぞれの神が祀られてきた。

それが変化を見せるのは、平安時代において、菅原道真が祀られたのを契機としていたように思われる。大宰府に左遷された道真の霊が怨霊となって数々の災いを引き起こしたと見なされ、その怨霊を鎮めるために北野の天満宮《てんまんぐう》に祀られるようになった。道真は、怨霊になったとは言え、人である。人を神として祀るという行為が、そこから生み出されたとも言える。

それに関連して注目されるのは、道真以前にも怨霊となって祟った人物はいたのだが、彼らは神としては祀られなかったということである。

たとえば、長屋王《ながやのおおきみ》の場合である。長屋王の父は天武天皇の皇子であった高市《たけち》皇子であり、母は天智天皇の皇女であった御名部皇女《みなべのひめみこ》である。御名部皇女は、元明《げんめい》天皇と母を同じくする姉でもあった。

長屋王は、聖武天皇の時代に左大臣となって、墾田の私有を認めた三世一身の法などを定め、権勢を振るう。ところが、それは藤原氏には歓迎されず、神亀《じんき》六（七二九）年二月に、国を傾けようとしたという疑いをかけられる。藤原不比等《ふひと》の三男である宇合《うまかい》の率いる軍勢に屋敷を囲まれ、妻子は殺され、自らも自害を余儀なくされた。

平安時代初期、九世紀のはじめに成立したものと考えられる『日本霊異記《にほんりょういき》』では、長屋王は傲慢な人物として描かれている。焼却され海に捨てられた王の遺骨が、土佐国（現在の高知県）に流れ着き、百姓が多く亡くなったため、それは王の怨霊によるものとされ、朝廷が遺骨を紀伊国に移して葬ったという話が出てくる。

『日本霊異記』は歴史書ではなく、説話集なので、これが歴史的な事実であるかどうかは分からない。だが、長屋王が亡くなってからほどない天平七（七三五）年から九年にかけて、疫病が流行し、宇合を含む不比等の四人の息子が相次いで亡くなるという出来事が起こる。このとき、聖武天皇は長屋王の遺児たちに叙位を行っている。こうしたことが行われたことからすれば、藤原四兄弟の死は、長屋王の祟りと見なされていた可能性が浮上する。

ただし、このとき、長屋王は神として祀られたわけではない。藤原四兄弟をことごとく死にいたらしめたという点では、長屋王の祟りは、相当に恐ろしいものとして受け取られたはずだが、道真のような形にはならなかったのである。

その後、光明皇后の甥であった藤原広嗣、左大臣橘諸兄《たちばなのもろえ》の子であった橘奈良麻呂、光仁天皇の后であった井上《いのえ》内親王などが政治的な事件に関与したとして殺され、その怨霊が祟るという出来事が続く。そうした際には、怨霊を退治するために法会が営まれ、読経などが行われたものの、いずれも神として祀られるようにはならなかった。

ただし、広嗣の場合には、吉備真備《きびのまきび》によって佐賀県唐津市の松浦明神、現在の鏡神社に祀られる。だが、この神社は、それによって創建されたものではなく、広嗣が祀られたのは二宮の方だった。

道真以前に怨霊が神として祀られた例としては桓武《かんむ》天皇の弟の早良親王《さわらしんのう》の場合がある。早良親王は、死後に崇道《すどう》天皇と称され、奈良県奈良市西紀寺《にしきでら》町にある崇道天皇社や京都市左京区上高野西明寺山町にある崇道神社などに祭神として祀られている。それは前者の場合には九世紀のはじめ、後者では後半のこととされるので、その点では怨霊が神として祀られたはじめての事例であったということになる。

しかしそれは、怨霊一般として、あるいは御霊一般として祀られたのであり、個性をもつ神として祀られたとは言い難い。少なくとも、「崇道神」のような形にはならなかった。その点で、怨霊が神として本格的に祀られたのはやはり道真がはじめてであったと考えていいだろう。

天神として祀られた菅原道真

その際に一つ注目されるのが、道真が天神として祀られたことである。今日では、天神は道真や、道真を祀った神社のことをさすのが一般的だが、本来は幅広い意味をもっている。

天神地祇《ちぎ》という言い方があるが、これは、日本の神話に登場する天津《あまつ》神、国津《くにつ》神の総称である。あるいは、中国では天の神のことをさして天神と言う。さらに、仏教の世界でも、天の神をさして天神と言うことがある。要するに天神とは、天にある神をさす一般的な呼称なのである。

どうして道真は、この天神として祀られたのだろうか。その謎を解くには、道真の霊が祀られる経緯を見ていかなければならない。

道真の生まれた菅原氏は学問の家として知られていた。菅原氏の元は古代の豪族の一つ、土師《はじ》氏である。土師氏は、河内国（現在の大阪府東部）で栄えていた。菅原氏が土師氏から分かれたのは八世紀終わりのことで、開祖は菅原古人《すがわらのふるひと》とされる。

古人は、遠江《とおとうみ》国の国司《こくし》の次官である遠江介従五位下であって、位としては低かった。ただし、遣唐使に従って唐に渡ったこともあって、学問に通じ、文章博士《もんじょう》、大学頭《だいがくのかみ》を歴任した。文章博士は、大学寮において漢文学や中国の正史を教授する役割を担うもので、大学頭は大学寮の長官だった。古人は、桓武天皇に儒教の教典を講義する侍読もつとめた。

この古人の四男が清公《きよきみ》で、父親と同様に文章博士から大学頭を歴任し、従三位にまで進んだ。官位では父親を超え、公卿に列せられた。公卿とは朝廷におけるトップレベルの高官であり、今日の大臣に相当する。

そして、やはり父親と同じように遣唐使判官として渡唐する。清公は、朝廷における儀式や衣服、あるいは名前のつけ方などを唐風に改めることに貢献した。こうした功績があったために、菅原氏は文章博士を独占するようになり、「菅家廊下」と呼ばれる門下生を抱えるようになる。それは、菅原氏の屋敷の廊下に学問を志す学生たちが集まったからである。

清公には四人の男子があり、四男の是善がとくに学問に優れていた。是善は最終的には参議となって公卿に列せられ、従三位にまでのぼりつめる。一方では、越後介からはじまって、弾正大弼《だいひつ》（行政の監察や警察の役割を果たす職員の第二位）や刑部卿（司法の役を司る省の長官）を経て勘解由《かげゆ》長官（地方行政を監視する官庁の長官）などを兼職し、政治にもかかわった。

是善の三男であった道真は、学問に深く通じるとともに、政治家としても出世をとげ、位の上では父親をはるかに凌駕していく。そこには、曾祖父からはじまる菅原氏代々の努力の積み重ねがものを言っていたことだろう。

道真は、幼い頃から詩歌を詠んでおり、左遷される直前に自ら編纂した『菅家文草《かんけぶんそう》』には、一一歳のときに詠んだ詩や一四歳のときの七言律詩などがおさめられている。その後は、家業である学問の世界で出世をとげていくが、一五歳で元服したときから、それと併行して仏教の法会の際の願文や、朝廷に奉る文書、上表文の代作を手がける。第三代の天台座主である円仁《えんにん》の主著『顕揚大戒論』の序文を草したのも、道真であったとされる。

貞観一三（八七一）年には、詔勅の案文を起草する少内記となる。外交文書も起草するようになり、同一四年には来朝した渤海国使の応接にもあたっている。一九年には、式部《しきぶ》少輔《しょうゆう》（役人の人事を司る官職の次官）と文章博士を兼任している。これで菅原氏からは四代続けて文章博士が生まれたことになる。

仁和《にんな》二（八八六）年には、讃岐守《さぬきのかみ》に任じられ、文章博士などから退き、任地の讃岐におもむいた。その背景には朝廷内部での天皇の地位をめぐる争いがあったようだが、道真は寛平二（八九〇）年に讃岐守としての任期を満了し、京に戻る。翌年には蔵人頭《くろうどのとう》となり、即位したばかりの宇多《うだ》天皇の近くに侍ることとなった。あわせて式部少輔にも復帰している。

宇多天皇の道真に対する信任は厚く、道真は出世をとげていくとともに、その進言が重視され、現実の政治に生かされるようになっていく。寛平六年には遣唐大使に任じられる。道真の曾祖父と祖父は遣唐大使に従って唐に渡っているわけだが、道真は、唐の国が衰えており、往復の危険を考えると遣唐使を中止した方がよいと進言し、それが朝廷に受け入れられた。

翌年、道真は従三位となり中納言に昇任している。律令制において、官僚の頂点に立つ太政官の次官が中納言である。これで父親を超えたことになり、以降、権大納言に任じられ、右大将を兼ねる。さらにはその翌年、正三位となって右大臣にまでのぼりつめる。そして、昌泰《しょうたい》三（九〇〇）年には、『菅家文草』とともに、父の詩文集である『菅相公集』と祖父の『菅家集』を天皇に献上している。

さらに、年が明けると、従二位にまで進み、栄華を極める。ところが、突然、正月二五日に大宰権帥《ごんのそち》に左遷されている。これは大宰府の副官を意味し、大臣を経験した者の左遷先であった。

突如の左遷と「怨霊」の祟りの噂

なぜ道真が突如として左遷されたのか、実は、はっきりとしたことは分かっていない。長保四（一〇〇二）年に成立したとされる『政事要略』では、道真が醍醐《だいご》天皇を廃して、娘婿である斎世《ときよ》親王を立てようとする陰謀に加担したからだとされる。醍醐天皇の日記である『醍醐天皇御記』にも、そうしたことを裏づける記述がある。その背景には、醍醐天皇と宇多上皇との対立や、道真の華々しい出世に対する嫉妬などがあったともされている。

なお、こうした道真の歩みをもとにした浄瑠璃・歌舞伎の『菅原伝授手習鑑《てならいかがみ》』では、もっぱら道真の政敵とされた藤原時平《ときひら》（浄瑠璃、歌舞伎では「しへい」）が悪役に仕立て上げられ、その陰謀で道真が左遷されたことが強調されているが、現実にはそれほど単純なことではなかったようだ。

大宰府に左遷されてからの道真は、仏事と詩作の日々を送った。死の直前に、詩作をまとめて『菅家後集《かんけこうしゅう》（草）』を編み、それを、紀長谷雄《きのはせお》に送った。そして、病によって延喜三（九〇三）年二月に亡くなっている。左遷されてからわずか三年目のことだった。

道真は、異例とも言える出世を遂げ、高位高官を極めた。ところが、その頂点に達したときに突如として失脚した。その生涯は悲劇的なものである。しかも、実際にはそれほど重い罪は犯しておらず、冤罪であった可能性がある。こうしたことが、道真を悲劇のヒーローとして祀り上げることに結びついていくのである。

文献の上ではじめて道真の怨霊の話が出てくるのは、道真の死から二〇年後、『日本紀略』の延喜二三年三月二一日条においてである。当時の皇太子、保明《やすあきら》親王が二一歳の若さで亡くなったことについて、「菅帥《かんのそち》の霊魂宿忿《れいこんしゅくふん》」の仕業であるという噂が流れた。重要なことは、保明親王が、時平の妹穏子《おんし》と醍醐天皇のあいだに生まれていることである。

この頃、京では「咳病《がいびょう》」などの病疫が流行しているという記事がいくつか見られ、『日本紀略』の同年一月二七日条でも、咳病流行のため紫宸殿《ししんでん》で臨時の読経が行われたとされている。咳病とはインフルエンザのことで、保明親王もその大流行によって亡くなったものと思われる。

現代の社会では、医学が発達し、病を特定し、その上で治療を施すことができる。だが、当時はそれができず、徒《いたずら》に不安が募った。そのため、閏《うるう》四月一一日には延長《えんちょう》と改元され、四月二〇日に、醍醐天皇は道真を元の右大臣に戻し、正二位を追贈するという詔《みことのり》を出すとともに、昌泰四年の左遷の詔を破棄している。

これは、道真の名誉を回復するための処置であり、道真の怨霊が祟っていることが公に認められたことになる。その後、大規模な災厄が起こるたびに、道真の怨霊の仕業とされるようになっていく。

延長三年には、春から天然痘が流行し、保明親王の第一子で、父親の死後皇太子となっていた慶頼《よしより》王が亡くなる。まだ五歳だった。

延長八(九三〇)年六月二六日には、政務がとりおこなわれていた宮中の清涼殿が落雷の被害を受けるという出来事が起こる。それまで旱天《かんてん》が続いていて、諸卿《しょきょう》が集まって雨乞いの件について会議を行っていた最中の出来事である。落雷によって、大納言の藤原清貫《きよつら》と右中弁内蔵頭の平希世《まれよ》が亡くなった。隣りの紫宸殿でも三人が亡くなっている。

醍醐天皇はこの出来事に衝撃を受け、そのせいもあって三ヵ月後に咳病で亡くなる。四六歳であった。落雷で亡くなった藤原清貫は、道真が大宰府に左遷された際、時平から道真を監視するよう命じられていた。

そうした関連性があったために、道真が雷神を操っていると噂されるようになり、道真の霊と雷神とが習合することになった。ただし、それを伝える同時代の史料はないので、この時点で雷神との習合が起こっていたかどうかは不明である。

その後、藤原純友や平将門の叛乱である承平《じょうへい》・天慶《てんぎょう》の乱（九三九〜九四一年）が起こり、これも道真の怨霊と結びつけられたとされるが、やはり史料的には裏づけられない。『将門記』に記されたことについては、第四章の終わりでふれた。『将門記』は軍記物語であり、道真との関連も創作であったかもしれない。

死後に官位の最高位にのぼりつめる

ここで注目される史料が、平安時代の歴史書である『扶桑略記』（寛治《かんじ》八〈一〇九四〉年以降に成立とされる）に引用されている『道賢《どうけん》上人冥途記』である。道賢は日蔵《にちぞう》とも言い、九〇五年に生まれ九八五年に没した人物で、山岳修行者であった。

道賢は、天慶四（九四一）年八月、金峰山で修行を行っていた最中に倒れ、蔵王菩薩の導きによって太政威徳天《だいじょういとくてん》と呼ばれる魔王のところへ赴く。威徳天は、自分は道真の霊であると言い、世の中で起こっている疫病や災厄は自分が引き起こしているものだと語った。道賢は、地獄にも案内され、道真を死に追いやった醍醐天皇やその廷臣たちが地獄の業火に責め苛まれている光景を目撃する。

この『道賢上人冥途記』とは別に、それとは内容に異同があり、記述が豊富な『日蔵夢記』というものもある。こちらは、天台宗の僧侶であった宗淵《そうえん》が編纂した『北野文叢《ぶんそう》』に収められている。その写本は嘉永《かえい》四（一八五一）年のものだが、原本は平安後期に成立したものと考えられている。

もう一つこの時期のことについて述べた伝承に、『菅家御伝記』に収められた話がある。天慶五（九四二）年七月のこと、京の右京七条二坊に住む多治比文子《たじひのあやこ》、あるいは奇子《あやこ》という人物に、道真の霊からの託宣が下り、自分が生きていた折にしばしば遊覧した北野の右近馬場に自分を祀れと言ってきた。ただし、文子は貧しく、それが叶わないため、自分の家に祠を祀っていた。これが事実なら、この時点で道真の霊ははじめて祀られたことになる。

さらに、それから五年後の天暦《てんりやく》元（九四七）年に、近江国比良宮《ひらみや》の禰宜《ねぎ》神良種《みわのよしたね》の子である七歳の太郎丸に、自分が祀られたいと思う場所に松を生じさせるという託宣が下る。すると、一夜にして千本の松が右近馬場に生えたため、文子と良種は、北野の朝日寺の僧、最珍《さいちん》とともに、その年の六月に北野に神殿を造立し、天満天神を祀ったというのである。

これが、北野天満宮の創建に結びつくとされているわけだが、この託宣によって創建されたという点については疑問がある。

というのも、北野には、道真が生まれる前から天神社《てんじんじゃ》が祀られていたからである。『続《しょく》日本後紀《にほんこうき》』には、承和三（八三六）年二月に遣唐使のために北野に天神地祇を祀ったと記されている。また、同じく『続日本後記』によれば、元慶年間《がんぎょう》（八七七〜八八五年）には、これは道真の生きていた時代にあたるが、時平の父親である藤原基経が五穀豊穣を雷公（雷のこと）に祈願したとされる。さらに、醍醐天皇の子であった源高明《たかあきら》が、有職故実《ゆうそく》について記した『西宮記』の会裏書の一つには、延喜四（九〇四）年一二月一九日に、左衛門督であった藤原某に雷公を北野に祀らせたとある。これは豊作を祈願してのことであった。

このときの天神社とは、現在、北野天満宮の社殿のすぐ東北にある摂社《せっしゃ》の地主社《じしゅしゃ》のこととされる。この地主社は、天満宮創建よりも前から北野に祀られていたとされ、この土地の地主神と考えられる。

となると、北野天満宮は、必ずしも菅原道真の霊を祀るものとして創建されたというわけではないのかもしれない。道真の怨霊のことが噂されるようになった時点で、すでに北野には天神が祀られており、それは雷公として信仰されていた。道真の霊が雷を操ったということで、この北野の天神、雷公と習合し、それで新たに道真の霊を祀るための社殿が建てられるようになった。そのように考えられるのである。

天徳《てんとく》三（九五九）年には、右大臣だった藤原師輔が社殿屋舎を造り増すとともに、神宝を献上し、これで北野天満宮の基礎が固まった。師輔の父親は、時平の兄弟であった忠平であった。この忠平につらなる流れは、時平の系統が途絶えることで、繁栄を確保した。それが、時平の敵である道真に対する信仰に結びついたものと考えられる。

永延《えいえん》元（九八七）年には、はじめて北野天満宮で勅祭が営まれ、「北野天満天神」の称が贈られた。そして、正暦《しょうりゃく》四（九九三）年六月二六日には、道真に対して正一位左大臣の位が追贈された。一〇月二〇日にはさらに太政大臣が追贈されている。これで道真は、死後において、官位の最高位にのぼりつめたことになる。

善神、「学神」へ変貌

こうして、道真の霊は、それまでの怨霊とは異なる道を歩むことになった。それまで、怨霊の祟りは怖れられ、それを退散させるために僧侶による読経などは行われたが、神社を建ててそこに怨霊を祀るということは行われていなかった。

それが、道真の霊は、神社に祀られただけではなく、天神、あるいは雷神と習合することによって、一つの個性を持つ神として信仰を集めるようになる。その点で、崇道天皇として祀られた早良《さわら》親王とは異なるのである。

しかも、天神として祀られることによって、道真の霊は、祟り神から、むしろ善神へと変貌を遂げていくことになる。

平安時代後期の保元《ほうげん》年間（一一五六〜一一五九年）に作られた藤原清輔の歌論集、『袋草紙《ふくろぞうし》(子)』には、大治《たいじ》二（一一二七）年に白河院の勘気を蒙った藤原顕輔《あきすけ》が、自分の無実を訴える歌を『唐鏡《からかがみ》』という中国の歴史を扱った説話集の裏に書いて北野に奉献したところ、罪を晴らすことができたという話が出てくる。

また、西行に仮託して鎌倉時代後期に作られた説話集の『撰集抄《せんじゅうしょう》』には、平安時代の漢詩人で、文章博士であった橘直幹《なおもと》が、無実の罪で流されようとしていたとき、北野に参《さん》籠《ろう》して罪を免れたという話が出てくる。

いずれも事柄の真偽は不明だが、こうした話が作られたということは、天神としての道真の霊が、冤罪に陥った人間を救う「雪冤《せつえん》の神」として信仰されるようになったことを意味する。祟るということは、悪を引き起こす力を統御できることを意味する。そのために、祟り神はやがて善なる神へと変貌をとげていくのである。

中世になると、天神は、至誠の神、正義の神となり、さらには国家鎮護の神として信仰される。これは、天神のもともとの性格からすれば当然のことである。さらに、鎌倉時代になると、念仏往生を守護する神としても信仰されるようになる。

また、生前の道真が学問の人であったことから、「学神」としての信仰も生まれる。むしろ、こちらの動きの方が正義の神としての信仰よりも早かった。

北野天満天神の称が贈られる前年の寛和《かんな》二（九八六）年には、文人で儒学者であり、仏教にも傾倒して『日本往生極楽記』を書いた慶滋保胤《よししげのやすたね》が、「菅丞相廟《かんしょうじょうびょう》に賽《さい》する願文」というものを書いている。そのなかで天神は「文道の祖・詩境の主」であるとされ、北野の社頭に文士が集まって詩篇を献じたと述べられている。

また、平安時代後期の儒学者で歌人である大江匡房《おおえのまさふさ》は、康和《こうわ》三（一一〇一）年に、道真が大宰府に左遷されたときと同じ大宰権帥として赴任した際に、道真を偲んで、今に伝わる神幸式をはじめている。なお、匡房は左遷されたわけではない。

その後、室町時代になると、天神は禅宗の僧侶のあいだで文学の神として信仰されるようになる。そして、「渡唐天神」の話が生まれる。

鎌倉時代の仁治《にんじ》二（一二四一）年に、臨済宗の僧侶であった円爾《えんに》（聖一国師《しょういちこくし》）が宋から帰国して博多の崇福寺《そうふくじ》に住していたときのことである。夜中に道真があらわれ、禅を学びたいと言い出した。そこで円爾は、自らの師である宋の無準師範《むじゅんしはん》のところで参禅するのがよいと答えた。すると、道真は神通力を使って宋に渡り、無準師範に参禅して、禅の奥義を授かり、一夜にして円爾のもとに戻り、無準師範から与えられた法衣を見せたというのである。

この話が語られるようになったとき、あまりに荒唐無稽だという批判もあったようだが、この話をもとに渡唐天神の像が造られたり、絵が描かれるようになっていく。その際に、中国風の文人として描かれた道真は手に梅の小枝をもっている。これによって、天神と梅との結びつきが強調されることとなった。

各地の天満宮は、現在でも梅の名所となっているが、その背景には、「飛梅伝説」があった。

道真は、大宰府に左遷されるとき、紅梅殿と呼ばれる邸宅に植えてあった梅の木との別れを惜しんで、「東風《こち》吹かばにほひをこせよ梅花　主なしとて春を忘るな（春な忘れそ）」という歌を詠んだ。すると、大宰府へ去った道真を慕って、その梅は一夜のうちに空を飛んでいったというのである。

面白いのは、天神が書道の神として信仰されるようになっていったことである。

道真に正一位左大臣が追贈されたことで、正暦四（九九三）年八月、道真の曾孫である菅原幹正が勅使として大宰府に遣わされた。そのとき幹正が、その旨を伝える位記をおいた台のところに紙があるのを発見する。それを開いてみると、そこには七言絶句の詩が記されていた。これは、「神筆」と呼ばれ、大宰府から京に送られて外記局《げききよく》に収められた。

これが今に残っていれば、道真自筆の書として重要な意味をもっただろうが、道真の書によるというものは、実はまったく残されていない。道真が能書家だったという話も伝わっていない。

ところが、天神が学問の神、詩文の神として祀られるようになるなかで、道真は能書であったと見なされ、そこから書道の神として信仰を集めるようになっていくのである。

とくにこの側面は、江戸時代に寺子屋で道真が書道の神、手習いの神として祀られるようになったことで広がりを見せていく。寺子屋では、手習いに使う筆に感謝するとともに、その上達を願って、天満宮の境内に筆塚を建て、そこに使えなくなった筆を納めるようになる。そして、寺子屋では道真を描いた掛け軸が掲げられ、道真の命日を偲ぶ天神講が組織される。

近代に入ると、学校教育が広がり、寺子屋はその存在意義を失っていったので、それは、天神信仰の衰退に結びつくものであったはずなのだが、学校の受験が重要な意味をもつようになったことで、天神は「受験の神」としての信仰を集めるようになり、今日に至っている。

その一方で、避雷針の普及によって雷の被害が少なくなったことで、雷神としての側面はしだいに注目を集めなくなっていく。それでも、雷神は水をもたらすことから、農業神としても信仰されるようになっており、その側面は今でも受け継がれている。

道真の霊は最初、祟り神、怨霊として怖れられたものの、天神と習合し、北野に祀られることによって、今度はさまざまな利益をもたらしてくれる善神へと変貌を遂げていった。そこには、習合した相手が、天神という重要ではあるが、抽象的な神であったことが影響していた。抽象的な存在であるがゆえに、道真のたどった人生の軌跡が影響し、さまざまな性格が付加されていったのである。

平安時代以降の京都のさまざまな天神

実は京都では、菅原道真の霊のように天神としての性格をもつ別の神が祀られていた。しかも、それは一つではなく、複数あった。

一つは、上賀茂神社に祀られる賀茂《かも》別《わけ》雷《いかつち》命である。この神名は、「雷を別けるほどの力を持つ神」ということであり、その点では雷という字を含んでいても、必ずしも雷神ではない。

しかし、上賀茂神社の側は、賀茂別雷命を雷神として紹介しており、一般にも、雷神として理解されている。この神は豪族の賀茂氏の祖先であるとされ、同じ賀茂氏の氏神を祀る下鴨神社とともに奈良時代以前から朝廷での信仰を集めていたと言われる。第四章において、春日神が天照大神や八幡大菩薩とともに、神々の体系のなかでもっとも上位を占めるようになるまで、春日神よりも賀茂神の方が重視されていたことについてはすでにふれた。

もう一つの天神は、祇園祭で名高い八坂神社の祭神である。

現在の八坂神社の祭神は、素戔嗚尊、その妻である櫛稲田姫命《くしなだひめのみこと》（櫛名田比売）、子の八柱御子神《やはしらのみこがみ》である。しかし、明治以前の祭神はまったく異なっていた。中心となる祭神は牛頭天王《ごずてんのう》であり、他にその后である頗梨采女《はりさいにょ》、そして、牛頭天王の王子である八王子であった。

牛頭天王というのはいかなる存在なのだろうか。その由来は必ずしも明確ではない。どこからどのような形で生み出されてきたかよく分かってはいないのだ。記紀神話にはもちろん登場しないし、インド由来の神というわけでもない。また、八幡のように渡来人が祀っていた神でもない。

牛頭天王は、その名称が示すように、頭部に牛の頭を戴く形をとっている。平安時代の「辟邪絵《へきじゃえ》」に登場し、そこでは、善神である天刑星《てんけいせい》に食べられようとしている。後には、この天刑星とも習合するが、「辟邪絵」ではあくまで脇役であり、それほど重要な存在ではなかった。その点では、祇園社で祀られることによって、その重要性が増したと言える。

鎌倉時代に成立したと考えられる『祇園牛頭天王御縁起』という書物には、牛頭天王の本地仏が薬師如来で、武答天王《むとうてんのう》の一人息子として日本に垂迹したとされている。薬師如来は、観慶寺の本尊だった。観慶寺は、八坂神社があるかつての八坂郷に建っていた寺院で、祇園寺とも呼ばれた。その観慶寺の境内に天神堂が設けられていて、それが八坂神社の前身となるものだった。

また、平安時代末期に成立した『伊呂波字類抄《いろはじるいしょう》』の「祇園」の項目では、牛頭天王は、天竺《てんじく》の北方にある九相国《くそうこく》の王で、沙掲羅竜王《しゃからりゅうおう》の娘と結婚して八王子を生んだとされ、武塔《むとう》天神とも言うとされている。そこでは、父が東王父《とうおうふ》で、母が西王母《せいおうぼ》とされていた。西王母については よく知られているが、どちらも中国の道教の神である。

武塔天神（武答天王）については、『釈日本紀』に引用されている『備後国風土記』逸文の「疫隈 国 社《えのくまのくにつやしろ》」という箇所に出てくる。武塔は、朝鮮語でシャーマンを意味するムータンに通じるとされるが、北海の神だった武塔天神は、嫁を探すために南海を訪れ、自ら素戔嗚尊と称したという。

この『備後国風土記』逸文には、蘇民将来《そみんしょうらい》のことも出てくる。武塔天神が、旅の途中、将来と名乗る兄弟に出会い、宿を貸してくれるよう頼むと、貧しい兄の蘇民将来は宿を貸してくれたが、金持ちの弟、巨旦《こたん》将来は断った。その後、疫病が流行したとき、武塔天神は、弟の妻になっていた蘇民将来の娘に茅の輪の目印をつけさせ、彼女以外弟の一族をすべて滅ぼしてしまった。この物語から、災厄や疫病を除けるための蘇民将来護符が生まれる。

このような言い伝えがあることから、天神、牛頭天王、素戔嗚尊、武塔天神、そして蘇民将来は、一つに習合していき、同一の神としてとらえられるようになる。そして、当初は、災厄や疫病をもたらす神としてとらえられていたのが、それを祀れば、災厄や疫病から逃れることができるという信仰が生み出されていくこととなった。天神との習合、そして、災厄をもたらす神から善神への変貌という点で、牛頭天王は菅原道真の怨霊と同じ道をたどっている。

実は、八坂神社という呼び方も明治以降のもので、それ以前は、祇園社や祇園感神院《かんしんいん》、そして祇園天神社と呼ばれていた。祇園天神社は天神堂に由来する。

ほかにも、京都には五條天神社というところがある。祭神は少彦名命《すくなひこな》で、医薬、禁厭《きんえん》の神として信仰を集めてきた。少彦名命はそうした神として祀られることが多い。ほかに、大己貴命と天照大神も祭神となっている。

この五條天神社は、平安京遷都のおりに、空海が桓武天皇の命令で大和国宇陀郡から天神(雷神・水神)を勧請したことにはじまるとされる。宇陀の牧というところには九頭《くず》神社があり、祭神は久須斯《くすし》神だが、これは建御名方《たけみなかた》神のことであり、建御名方神は諏訪大社の祭神である。

この五條天神社は、『宇治拾遺物語』の巻二「柿の木に仏現ずる事」に、「昔、延喜の御門の御時、五条の天神のあたりに、大なる柿の木の、実ならぬあり」という形で出てくる。したがって、平安時代初期にはすでに現在地に鎮座していたことになるが、当時は境内がかなり広かったとされる。

このように、平安時代以降の京都では、さまざまなところに天神が祀られていたことになる。天神を祀るのは、決して北野天満宮だけには限られなかったのである。

なぜ天神は皇祖神となれなかったのか

京都において天神が多く祀られていたのは、そこが都だったからだろう。都は、日本の中心に位置する場所であり、天の神である天神を祀るにはふさわしいところである。そこに雷に対する怖れということが加わり、さまざまな天神が祀られることになったのである。

菅原道真の霊が信仰の対象となっていく上で、たんにそれが多くの祟りをもたらす怨霊であったということだけでは十分ではなかった。実際、それまでの怨霊は、神として祀られることはほとんどなかった。天神と習合したことが決定的な意味をもち、それによって存在感は増した。あるいはそれは、八幡神が応神天皇と習合したことの影響と似ているのかもしれない。

その際に、生前の道真の生涯が大きな意味をもち、それが祟る神から善神への変容を促した。八幡神の場合にも、応神天皇が胎中天皇と呼ばれ、母の胎内にいたときに戦いに赴いたことが、武神として信仰される一つの要因になった。神の性格は、習合した人物の経てきた道と密接な関連をもつのである。

これは、その後も行われるようになることで、天満宮の場合、人を神に祀る風習の一つとしてとらえられる。

しかし、菅原道真の場合には、祟りを引き起こしたことで、そのまま神として祀られたわけではない。そこには、天神との習合というプロセスが関与しており、天神に対する信仰の枠組みのなかに新たに位置づけられたとも言える。

その点では、次の章で述べる近世以降における人を神に祀る風習とは、性格を異にしているのである。

ただ、天神という最高神、あるいは創造神とも受けとられるような神として祀られたものである以上、天照大神やその本地仏ともなった大日如来と習合しても不思議ではなかった。

そうなれば八幡神のように、天皇の誰かと習合し、皇祖神としての性格を持つこともあり得たように思われる。

ただそうならなかったのは、すでに道真と習合してしまっていたからかもしれない。天神は道真の個性を反映する形でその性格を変化させていった。そのために天皇と習合する余地がなかったのかもしれないのである。

第七章　人を神に祀る

柳田國男の「人を神に祀る風習」

神を唯一絶対の創造神としてとらえる一神教の世界からすれば、人を神として祀ることは到底考えられないことではある。ただし、キリスト教の場合、三二五年に開かれたニケーア公会議まで、イエス・キリストに神性を求めるかどうかで論争があった。その点を考えると、イエスは人として生まれ、復活を伴う死を通して神になったとも言える。果たしてこれを、人を神に祀った例として考えていいかは問題だが、それに近い可能性はある。

さらにキリスト教やイスラム教には、聖人崇拝というものがある。これは聖者崇拝とも言われるが、キリスト教の場合では、殉教し、死後に奇跡を起こした人間が聖人として認められる。教団のような組織のないイスラム教には、聖人を認定する仕組みがないが、キリスト教と同じように、一般の民衆から聖人として崇められる人物が輩出されてきた。

どちらの宗教においても、聖人は、奇跡などのご利益を与えてくれる存在であり、その点で日本の神々に似ている。日本の神々を、キリスト教やイスラム教の聖人に対応する存在としてとらえるならば、キリスト教やイスラム教を一神教ととらえ、日本を多神教ととらえる見方が成り立たない可能性も出てくる。

そうした問題はあるにしても、私たち日本人がはるか昔から人を神として祀ってきたことは間違いない。そのことについて、日本の民俗学の創始者である柳田國男は、『民族』という雑誌の大正一五（一九二六）年一一月号に、「人を神に祀る風習」という論文を書いている。

柳田は、この論文の冒頭で、「曾て我々の間に住み、我々と共に喜怒哀楽した人たちを、其死後一定の期間が過ぎ、若しくは一定の条件の下に、大よそ従来の方法に遵《したご》うて一社の神に斎ひ、祭り拝み且つ禱《いの》るといふことが、近い頃までの日本民族の常の習はしであつたことは、之を認め無い者は無いであらう」と述べている。

柳田がその具体的な例としてあげているのは、悪源太《あくげんた》義平《よしひら》を祀った若宮八幡、新田《にった》義興《よしおき》を祀った新田八幡、足利忠綱を祀る皆沢《かいざわ》八幡などである。柳田は、亡くなった武将を祀ったこうした八幡は、「新八幡」と呼ばれ、戦国時代にもっとも盛んになったと述べている。

柳田のあげる例に八幡が多いことについて、それは、八幡のみに見られる現象ではなく、ただ八幡の場合には史料が多いので、例として挙げることが多くなるのだとしている。実際、柳田はこの論文のなかで、石河次郎家幹の三男、三郎秀幹を祀る常陸多賀郡折笠の三郎天神についてもふれている。

それでも柳田は、「八幡神社の今日の如く盛んな分布には、或は怨霊の統御といふ信仰が一大原因を為したのでは無いか否か」と述べ、戦死した武将の霊が怨霊となって祟ることが怖れられ、それで武家の神である八幡として祀られることが多くなった可能性を示唆している。

この柳田説が当たっているのかどうか、それを確かめることは難しいが、菅原道真の天満宮以降、怨霊を鎮めるための手段として、神として祀る風習が確立された可能性は十分に考えられる。

たとえば、承平・天慶の乱を起こした平将門の首は京の都大路でさらされた後、現在の東京都千代田区大手町にある首塚《くびづか》にまで飛んでいったという伝承がある。そして、一四世紀初頭に疫病が流行したときには、将門の祟りということが言われ、その霊は近くの神田明神（神田神社）に祀られることとなった。これはまさに将門の怨霊を鎮めるためであった。

第一章において、日本の神の特徴として、必ずどこか特定の場所に祀られるということをあげた。それは、土地の神に限られないことで、神は必ずどこか特定の場所に祀られることになる。

その際に、祀るという行為には、祀られる対象を鎮めるという役割が伴う。第二章で見た天照大神の場合にも、宮中において倭大国魂神《やまとおおくにたまのかみ》とともに祀られていたときには疫病を引き起こしたとされ、祟り神に近い振る舞いに及んだ。倭姫命《やまとひめのみこと》が、天照大神の霊を祀る場所を求めて各地を経巡ったという伝承があるのも、強い力を持つ神を祀るのにふさわしい場所を求めることがいかに困難かを示している。

信長より早く神として祀られた秀吉

ただ、人を神に祀るという場合、近世に入ると、無念の死を遂げた人間が怨霊になることを防ぐということに限定されなくなっていく。むしろ、故人が生前になした行いを顕彰するために神として祀るということが行われるようになっていくのである。

そのなかで歴史的に先行する存在は、天下統一の営みを最初になしたと言える織田信長である。信長は、京都の船岡山にある建勲《たけいさお》神社に祀られている。

ただ、建勲神社の創建は明治一三(一八八〇)年九月と新しく、近代に入ってからのことである。それは、明治三年一〇月一七日に、信長の子孫であった天童藩の知事、織田信敏の東京の邸内と、天童市内に建てられた。それが、明治一三年に遷座《せんざ》して、現在に至るのである。

信長は、本能寺で明智光秀に襲われて自害し、天下統一の事業は豊臣秀吉に受け継がれるが、神として祀られたのは秀吉の方がはるかに早かった。

秀吉は、その死に際して、自らが発願して創建された方広寺の大仏の鎮守、八幡(ない

し は新八幡）として祀るよう遺言したとされる。秀吉が方広寺に大仏を造ろうと考えたのは、当時、東大寺の大仏が焼損していたからである。

東大寺の大仏を建立する際に、八幡神が宇佐から上京した話については第三章でふれたが、八幡神はそのまま東大寺の鎮守として手向山八幡宮に祀られた。秀吉のアイディアは、それを踏襲したものと言える。

ではなぜ、秀吉は八幡神として祀られることを望んだのだろうか。

神道について包括的に論じた『神道とは何か――神と仏の日本史』（中公新書）の著者である伊藤聡は、八幡神が武神であったからだろうと述べている。たしかに、それが理由になっていたことは考えられる。

だが、果たしてそれだけだろうか。

秀吉は、天下統一の事業を推し進めていくなかで、朝廷に接近していった。徳川家康と織田信雄《のぶかつ》の連合軍を相手とした小牧・長久手《ながくて》の戦いを行うなか、天正一二（一五八四）年一〇月一五日に従五位下左近権少将に任官されて以降、従三位権大納言、正二位内大臣へと位を上げ、同一三年七月一一日には、近衛前久の猶子《ゆうし》となる形で関白宣下を受けている。さらに翌年には、正親町《おおぎまち》天皇から豊臣の姓を賜り、太政大臣にも就任する。

日本の場合、権力者の正当性を保証するのは、天皇から与えられる位階である。通常なら、足軽の子に過ぎない秀吉が、家の格にもとづく位階を与えられることはあり得ないわけだが、戦乱の世の下克上という状況が異例の事態を可能にした。

しかし、いくら出世をとげたとしても、天皇に代わることはできない。日本の天皇家の場合、血のつながりが決定的に重要である。そこが、中国の王朝とは大きく異なる点である。中国では、腐敗した王朝を打倒することを正当化する「易姓革命《えきせいかくめい》」という考え方があり、事実、王朝の交替は頻繁に起こってきた。ところが、日本では、頂点に位置するのは血によって受け継がれる天皇家であり、天皇家と血のつながりがない家が頂点を極めることはできないのだ。少なくとも、その正当性を主張することができない。

したがって、それ以外の家は、藤原氏が行っていたように、天皇に対して娘を皇后などとして送るという手に出るしかない。それによって、外戚として権力を握るのである。もし天皇家を打倒してしまえば、自らの権力者としての正当性を周囲に納得させることが難しくなってしまう。

そうした構造を秀吉も理解していたはずである。さまざまな手段を用いて関白太政大臣の地位を得ることができても、その先はない。もし秀吉がそれでも天皇に代わろうとするならば、唯一つ考えられるのが、第二の皇祖神である八幡神として死後祀られる道である。天皇の場合に、応神天皇を除けば、この時代までは死後に神として祀られた例はない。あるいは秀吉は、それを踏まえ、天皇を越えるために、自らを応神天皇と習合した八幡神として祀るよう遺言したのではないだろうか。

秀吉の遺言に残される疑問

秀吉の遺言については、イエズス会の宣教師、フランシスコ・パシオが記録している。パシオは、秀吉は「……シンハチマン、すなわち、新しい八幡《ハチマン》と称されることを望みました。なぜなら八幡は、往昔のローマ人のもとでの（軍神）マルスのように、日本人の間では軍神として崇められていたからです」と述べている（ルイス・フロイス『日本史2』の付録「フランシスス・パシオ師の『太閤秀吉の臨終』についての報告」松田毅一・川崎桃太訳、中央公論社）。

ただこれは、外国人であるキリスト教の宣教師が述べていることである。死の直前、慶《けい》長《ちょう》三（一五九八）年八月五日に秀吉が残した遺言状では、六歳の子どもである秀頼の行く末を徳川家康など五人の大老に託してはいるものの、そこでは、自らが死後に新八幡として祀られることを願うという部分は含まれていない。

秀頼が、翌年の三月五日、前田玄以《げんい》を通して朝廷に奏上した文書では、「ゆいこんにあみたのたけに大しやにいわられたきとのことにて」とある（『お湯殿の上の日記』慶長四年三月五日条。これは、御所に仕える女官たちの日記）。

あみたのたけとは、方広寺のすぐ東方にある阿弥陀ヶ峯のことであり、実際に秀吉はそこに葬られた。ここでは、「大しや（大社）」としか言われておらず、秀吉が新八幡として祀るよう命じたとはなっていない。

徳川家康は、秀吉の大老として秀頼のことを頼まれていながら、関ケ原の戦い以降、大坂冬の陣、夏の陣と豊臣家を滅亡に追い込んでいった。そのため、家康にとって都合の悪い史料が抹消されている可能性もあり、豊国神社創建の過程については必ずしも詳しいことは明らかになっていない。

その点で、本当に秀吉が自らを新八幡として祀るよう遺言していたのかどうかはっきりとしたことは言えない。それまで、自らを死後に神として祀るよう遺言を残した人物がいないことを考えれば、秀吉を葬った阿弥陀ヶ峯の麓に建設された廟所（墓所）が、秀吉を祀る神社へと自ずと発展していったと考えるべきかもしれない（豊国神社の造営については、河内将芳『中世京都の都市と宗教』思文閣出版、三鬼清一郎「豊国社の造営に関する一考察」『名古屋大学文学部研究論集』一三巻、一九八七年を参照）。

したがって、豊国大明神として祀られたことが、秀吉の遺志に背くものであったとは言えないかもしれない。

豊国大明神として祀ることを提案したのは、吉田神道の当時の主、吉田兼見《かねみ》であったという。慶長四年四月には、徳川家康以下の諸大名が参列して遷宮式が営まれている。

吉田神道は、室町時代後期になって生まれた神道の新しい流派であり、唯一神道、卜部《うらべ》神道、宗源神道などとも呼ばれる。これを創始したのは、古代から朝廷の祭祀を司ってきた卜部家の一族、吉田兼倶《かねとも》であった。兼倶は、本地垂迹説に対抗する形で鎌倉時代中期から唱えられるようになる「神本仏迹説」を信奉したが、その信仰内容は、密教の影響が明らかな秘伝を強調するなど、仏教や儒教、道教、さらには陰陽道を取り入れたものであった。

兼倶は、遺骸の上に社殿を建て、それを神として祀るという新しいスタイルを確立し、自らの死後にはそのような形で葬られた。吉田神道の本社は京都の吉田神社だが、その境内には、兼倶を神龍《しんりゅう》大明神として祀った神龍社がある。その後、吉田家の歴代の主は、同じような形で死後に神として祀られていく。

兼見は、そうした吉田神道の伝統にもとづいて、秀吉を豊国大明神として祀ることを提案し、朝廷からその神号を下されるようはからった。豊国は、直接には豊臣姓から来るものだが、記紀神話における日本の古い名、豊葦原中津国に由来すると説明された。

三鬼清一郎は前掲の論文で、「豊国社は、豊臣政権が安定的に続く限り、最も高い地位に立つ神社として朝野の崇敬を集め、ことと次第によっては皇室の祖霊を祀る伊勢神宮を凌ぐほどにもなり、両者の対抗関係もおきる可能性があった」と述べているが、これは興味深い指摘である。

朝廷の方は、応仁の乱以降相当に衰えていた。イエズス会の創始者でもあり、日本にキリスト教を伝えたフランシスコ・ザビエルが、天皇から布教の許可を得ようとして上京した際には、天皇が、荒廃した京都御所に掘っ立て小屋を建てて、そこに住んでいるのを目の当たりにして失望している。

二〇年に一度行われるはずの伊勢神宮の式年遷宮も途絶え、内宮などは一〇〇年近く社殿がまったく失われた状態にあった。それを復興したのが秀吉であった。ただ秀吉は、伊勢神道ではなく、吉田家の吉田神道を信奉していた。秀吉が吉田神道をもとに豊臣家の氏神として祀られることは、豊国神社に対する信仰を強化していく可能性があった。実際、家臣の加藤清正は、豊国大明神を領国の肥後に勧請しようと試みていた。

こうした試みがさらに広がりを見せれば、三鬼が指摘するように、豊国大明神は、秀吉が統一した日本国の氏神として君臨し、伊勢神宮に祀られた天照大神、あるいは第二の皇祖神である八幡神の威勢を凌ぐこともあったかもしれない。

しかし、豊臣氏は家康によって滅ぼされ、豊国神社は社領を没収された上に破却されてしまった。神社の御神体は方広寺の大仏殿に移された。現在の豊国神社が再興されたのは、明治に入ってからのことである。

東照大権現として祀られた徳川家康

秀吉に次いで神として祀られることになるのが、秀吉の築き上げた豊臣家を滅ぼした徳川家康である。家康は、その死後、日光の東照宮において東照大権現として祀られることになる。

それも、秀吉の場合と同様に、家康の遺言によるものと言われている。しかし、こちらの場合も、本当にそれが家康の意向であったのかどうかについては、疑わしい部分がある。

家康については、まず世の中に、「東照宮御遺訓《ごゆいくん》」なるものが流布している。それは、次のようなものである。

人の一生は重き荷を負うて　遠き道を行くが如し　急ぐべからず
不自由を　常と思えば　不足なし
心に望みおこらば　困窮したる時を思い出すべし
堪忍は無事長久の基

怒りを敵と思え
勝つことばかり知りて　負くるを知らざれば　害その身に至る
己を責めて　人を責むるな
及ばざるは　過ぎたるに　勝れり

これは、何ごとにも慎重で冷静であった家康の生涯を彷彿とさせることばであり、いかにもその遺訓にふさわしいものである。しかし、これは明治時代に入ってからの偽作である（若尾政希《まさき》「『東照宮御遺訓』の形成—『御遺訓』の思想史的研究序説」『一橋大学研究年報　社会学研究』39、二〇〇二）。

家康の遺言として歴史的に正しいと思われるものが『本光國師日記《ほんこうこくしにっき》』にある記述である。この日記は、家康の側近であった金地院崇伝《こんちいんすうでん》によるもので、逝去の二週間前に駿府城で崇伝が家康から聞いたものである。その日記の元和《げんな》二（一六一六）年卯月四日の条に、次のようなことが出てくる。

臨終候ハヽ、御躰をハ久能へ納。御葬体をハ増上寺ニて申付。御位牌をハ三川之大樹寺ニ立。一周忌も過候て以後。日光山に小キ堂をたて。勧請し候へ。八州之鎮守に可被為成との御意候。皆々涙をなかし申候。

ここでは、家康が亡くなった後、遺体は家康の生地である駿河国の久能山に埋葬し、葬儀は、徳川家の菩提寺である増上寺で行い、位牌は三河国の徳川家のもともとの菩提寺である大樹寺に安置するよう指示されている。そして、一周忌が過ぎた時点で、日光山に小さな堂宇を建てて、家康の霊を勧請し、関八州《かんはっしゅう》（現在の関東地方）の鎮守にせよというのである。

この遺言をどのように解釈するかは難しい。家康は、日光に自らの遺体を改葬するよう命じているわけではない。日光に建てられるのは、あくまで小さな堂宇であるわけだが、そこに自らの霊を関八州の鎮守として祀るということは、神として祀るよう指示していることになる。

ただ、「小キ堂」とされている点は見逃せない。家康の念頭には、秀吉の豊国神社のような大規模な神社の創建という発想はなかったように見受けられる。むしろそれを否定し、ささやかな形で祀られることによって、自らが領国とした地域をそっと守護したいという思いを表明しているようにも見える。

『先祖の話』での日本人の神観念

ここで思い起こされるのが、日本の民俗学の創始者である柳田國男が、終戦直後に刊行した『先祖の話』という本のなかで展開した日本人の神観念についてである。

「仏教嫌い」と言われた柳田は、仏教の信仰に対して徹底して否定的であり、日本人の固有信仰が仏教の影響を受けることなしに成立したことを証明しようと試みた。そのため、自らの試みを、「新国学」と名づけ、「漢意《からごころ》」を排そうとした本居宣長の国学にならおうとした。

したがって柳田は、『先祖の話』のなかで、日本人は死後、仏教が説く西方極楽浄土のようなはるか遠くの世界に赴くのではなく、自らが住んでいた場所のすぐ近くにある山にとどまって山の神となり、春には里に下って田の神となり、子孫の生活を守護するのだという説を展開した。

柳田が『先祖の話』を刊行するまで、果たしてそうした信仰が実際に日本の民俗社会において成立していたかどうかはかなり怪しいが、家康と柳田双方のなかに、死後は山に赴いて子孫を見守りたいという気持ちが共通に働いていた可能性は考えられる（『先祖の話』の意味については、拙著『戦後日本の宗教史―天皇制・祖先崇拝・新宗教』筑摩選書を参照）。

しかし、日光に実際に建てられたのは、決して「小キ堂」ではなかった。

家康が亡くなったのは、元和二(一六一六)年四月一七日のことで、遺骸は遺言通り、その日の夜に久能山へ移された。そして、家康の後を継いで二代将軍となった秀忠は、すぐに日光に社殿を造る準備をはじめる。翌元和三年三月には、本社、拝殿、本地堂《ほんじどう》、御仮殿《おかりでん》などが完成している。一周忌にあたる四月一七日には、盛大な正遷宮《しょうせんぐう》の儀が営まれた。

その際に、家康をどういった存在として祀るべきかについて論争があったとされる。家康の側近であった金地院崇伝や吉田神道の神龍院梵舜《ぼんしゅん》は、吉田神道のやり方で祀ろうとしたのに対して、やはり家康の側近であった天台僧の天海《てんかい》は異議を申し立てた。生前の家康は、天台宗の山王一実《さんのういちじつ》神道で葬られたいと言っていたというのである。

これによって両者のあいだで論争が巻き起こった。吉田神道で祀られた秀吉の豊臣氏がすぐに滅んだことが不吉とされたのか、論争は天海の側が勝利し、家康は山王一実神道の方式で葬られることとなった。朝廷からは「東照大権現」の神号を下されたが、それが東に照るを意味するところから、本地仏は東方浄瑠璃世界の教主である薬師如来と定まった。

日光は、山岳信仰の霊場であり、奈良時代に勝道によって開かれた天台宗の輪王寺《りんのうじ》があった。家康の遺骸は、一周忌に久能山から日光に移され、輪王寺のなかの霊廟に納められ、合わせて社殿が東照宮として建てられた。

ただ、そのときは現在のような社殿ではなかった。豪華絢爛とした東照宮を造ったのは、三代将軍の家光だった。家光は、寛永一三（一六三六）年に迎える家康の第二一回御神忌にむけて造営を開始し、莫大な費用と人員をかけて東照宮を今日のような姿に作り替えたのだった。

重要なことは、東照宮が造営されることによって、家康の祥月命日には、代々の将軍が日光に参拝する「将軍社参」が行われるようになったことである。家康の祥月命日は四月一七日だが、社参が前後に若干ずれることもあった。

最初は、二代将軍の秀忠が東照宮が竣工した元和三（一六一七）年に行ったもので、秀忠は全部で四回日光への社参を行っている。もっとも熱心だったのが三代将軍家光で、まだ大納言だったときも含め、ほぼ二年から三年ごとに、都合九回日光への社参を行っている。

ただし、その後、四代の家綱が大納言であったときと将軍になってから一回ずつ行ってからは、将軍によってはまったく社参を行わない者もあり、八代将軍の吉宗、一〇代の家治、そして一二代の家慶が一回ずつ行っている。

この将軍社参は、長い行列を組んで行われるもので、膨大な費用や伴の人馬の動員を必要とした。それによって、徳川家の威光を世の中に知らしめようとしたわけだが、おそらく、歴史を経ることで徳川家も財政的に苦しくなり、また、威光を示す必要も減少していったものと思われる。

前掲の伊藤聡『神道とは何か』では、幕藩体制が確立されて後、権力者が自らを神格化することは諸大名にも広がっていったとされる。だが、江戸時代に大名を祀る神社が創建された例はそれほど多くはないように思われる。

たとえば、岩手県盛岡市にある櫻山神社は、江戸時代の中期の寛延《かんえん》二（一七四九）年に、盛岡藩八代の南部利視《としみ》が、初代藩主の信直の威徳を偲び、その神霊を勧請し、城内淡路丸（本丸東側）に淡路丸大明神として祀ったのがはじまりとされる。ただし、社殿が現在地に建てられるのは明治に入ってからのことである。

あるいは、毛利元就《もとなり》を祀る山口県山口市の豊栄《とよさか》神社の場合にも、そのはじまりは、孫の毛利輝元が、萩江向《えむかい》村の春日神社境内に元就の霊を祀ったことにはじまるが、実質的には、宝暦《ほうれき》一二（一七六二）年に、当時の藩主毛利重就が、萩城二の丸に土地神社として鎮座していたものを改め、そこに春日神社から元就の霊を遷座し、毛利家の祖神である天穂日《あめのほひ》命と合祀する形で神性霊社と号したのがその創祀である。明和《めいわ》七（一七七〇）年には、仰徳大明神と改称され、神社名も仰徳社と改められた。豊栄の神号が与えられるのは、やはり明治になってからのことである。

人を祀る神社の急増と政治的意味

藩主を地元で祀ることが積極的に行われるようになるのは、むしろ明治に入ってからである。あるいは、明治維新を実現させる上で思想的に大きく貢献した国学者や幕末の志士、維新政府の重臣や軍人などが祀られていく。本居宣長の本居宣長ノ宮、平田篤胤《あつたね》と佐藤信淵《のぶひろ》の彌高《やたか》神社、吉田松陰の松陰神社、三条実万《さねつむ》と実美《さねとみ》の梨木《なしのき》神社、乃木希典《まれすけ》の乃木神社、東郷平八郎の東郷神社などである。

また、明治時代前半には、南朝の天皇や皇族、そして天皇に対して忠を尽くしたということで、忠臣を祀る神社の創建が相次ぐ。後醍醐天皇の吉野神宮をはじめ、護良《もりよし》親王の鎌倉宮、宗良《むねよし》親王の井伊谷宮《いいのやぐう》、懐良《かねよし》親王の八代宮、尊良《たかよし》親王と恒良《つねよし》親王の金崎宮、楠木正成の湊川神社、新田義貞の藤島神社などである。ほかに、この系統としては、菊池武時一族の菊池神社や北畠親房一族の阿倍野神社ならびに霊山《りょうぜん》神社などがあった。

すでに見たように、八幡神と習合した応神天皇を除いて、それまで天皇が神として祀られることはなかった。その点で、吉野神宮は画期的なものだが、ほかに、歴史上重要な天皇が神として祀られていく。初代の神武天皇は橿原神宮と宮崎神宮に、平安京を開いた桓武天皇と明治天皇の父である孝明《こうめい》天皇は平安神宮に、そして、明治天皇は明治神宮に祀られるようになる。

そのほかの天皇としては、悲劇的な最期を遂げ、怨霊ともなった崇徳天皇が淳仁《じゅんにん》天皇とともに白峯《しらみね》神宮に、承久の乱で隠岐などに流された後鳥羽、土御門、順徳天皇は水無瀬《みなせ》神宮に、壇ノ浦の戦いの際に入水した安徳天皇は赤間宮に祀られている。ほかにも天皇を祀った神社はあり、近代に入って、天皇を祭神とすることが解禁された形となった。

さらに、近代になって新たに生まれた人を祀る神社としては、最初、官軍の戦没者を祀った東京招魂社から発展した靖国神社や、各県に設けられた護国神社がある。靖国神社は、その後、日本が対外戦争を行うようになると、その戦没者を祀るようになり、現在では二四六万六五八四柱の祭神を祀っている。次々と祭神が増え、膨大な数を祀っている点で靖国神社は異例の存在である（靖国神社については、拙著『靖国神社』幻冬舎新書を参照。この本では、靖国神社が様々な点でいかに異例かを示した）。

このように、近世までの時代にはそれほど多くは存在しなかった人を祀る神社が、近代に入ると一挙に増えていった。そうした神社は、祭神として祀られた人物を顕彰することを主な目的とするものであり、政治的な意味を担うものにほかならなかった。

これは、神の祀り方、神社の創建の仕方としては新しいものであり、必ずしも神道の伝統に則っているとは言えないものである。

しかし、こうした近代に創建された神社のことを考えてみると、それまでに造られた神社と果たして同列に扱っていいものなのかどうか、躊躇するところがある。

祀る側は、あくまで神としてそれぞれの人物を祀ったわけだが、本当にそれは人間を超えて神になったのだろうか、その点が必ずしも明確ではないのである。

前の章で見たように、菅原道真の場合には、まず、その霊が死後に祟りを引き起こしたという認識が生まれた。その時点で、道真は怨霊と化したわけで、特別な力を有していた。しかも、天神、雷神と習合し、それによって北野に祀られることになる。祀られるにあたっては、託宣も下している。神にふさわしい振る舞いをしていたからこそ、道真は神として祀られたのである。

これに比較して、秀吉や家康の場合もそうだし、明治に入って祀られるようになった天皇以下の祭神もそうだが、祀られる前の段階で、神としての力をふるったということはない。また、祀られる段階や祀られて以降に、すでに存在する別の神と習合するという現象も見られない。

靖国神社の祭神の場合、戦争で亡くなるという悲劇的な死を遂げているわけで、その点で、怨霊信仰の伝統を引いていると言われることもあるが、実際に祟りを引き起こしたという話は聞かない。ある意味、怨霊と関連づけられてきたにもかかわらず、ひどくおとなしく祀られているのである。

明治以降に人を祀ったそれぞれの神社は、現在でも存続している。明治神宮や平安神宮の場合には、その規模が大きいせいもあり、地域に根づき、数多くの参拝者を迎えている。

しかし、明治神宮の場合で考えてみるならば、たしかに正月三箇日の初詣客では全国で第一位であり、東京都民全体の氏神的な宗教施設になっている。都内の神社としては境内はもっとも広く、創建当初に計画されたこともあり、そこには鬱蒼とした森が広がっている。

けれども、景観の方が重要なのであって、そこに祭神として祀られている明治天皇夫妻については、多くの参拝者はその存在を意識していない。また、神としての威力を発揮したという話も聞こえてこない。

明治神宮に祀られた神は、人に対して働きかけてこないとも言える。ただそこに鎮座するだけで、参拝者に何か特別なことをもたらしてくれるわけではない。それは、明治神宮以外の近代に創建された神社にも共通して言えることである。

これが、徳川家康を祀る日光東照宮の場合には、まだ神徳ということが伝えられている。

家康を篤く信仰の対象としたのが、孫の家光であるわけだが、三歳で病に罹った際に、医者の調合した薬ではなく、家康が調合した薬で治ったという経験もあり、また、疱瘡にかかったときには、枕元に東照大権現、つまりは家康があらわれるという霊夢を見て、それを拝したところ本復している。そこで家光は病に陥るたびに、東照大権現を信仰し、その神徳に期待をかけた。家光が、夢で見た家康の姿を狩野探幽に描かせた霊夢像というものも残されている（東京都江戸東京博物館企画展『日光東照宮と将軍社参』徳川記念財団図録）。

その点では、東照大権現は神としての力を十分に発揮したと見ることができるが、その相手は家光に限られる。明治以降の神々の場合には、こうした神徳については語られていない。その点で、本当に神なのかどうか、その点で疑問が生じてしまうのである。

特定の祭神ではなく神一般への「礼拝」

日本の神道の世界では、神を祀るという行為はまったく自由に行われており、誰がどういう神を祀るか、それは基本的に祀る側に任されている。神道の世界には、神を認定するための仕組みというものはいっさい存在していない。いったん祀られた神は、それを祀った神社が存続する限り、神の座を降りることもないのである。

しかし、とくに明治以降に、人を神として祀った事例の場合、本当の意味で神に成りきれていないようにも感じられる。少なくとも、これまで取り上げてきた神々とは、その存在のあり方が大きく異なっていることは間違いない。

私たちが、こうした近代以降の人を神として祀った神社を訪れたとき、もし祭神のことを意識することがあったとしても、それは、名のある人々の墓を訪れたときと変わらない。そこでは、そうしたこころもちで手を合わせるのではないだろうか。

日本では、伝統的に仏教で葬儀が行われ、その伝統は現在にまで引き継がれている。ところが、江戸時代に、仏教と習合した神道を仏教から引き離し、独自の信仰世界を確立しようとする国学、あるいは復古神道の流れが生まれると、神道式で人を葬る「神葬祭《しんそうさい》」が試みられるようになる。

仏教で人を葬った場合、日本では、そこに成仏という考えが取り込まれ、死者は供養を経ることで仏になっていくと考えられるようになる。そのため、死者が仏と呼ばれる伝統が生まれる。

仏教ではなく、神道で人を葬ろうとするならば、死者を仏にするわけにはいかない。となれば、死者は神として祀るしかなくなる。人を神として祀った神社が近代以降に数多く生まれるのも、こうしたことが背景にあるからだが、だからこそ、そうした神社に参拝に訪れたとき、どうしても墓参り的な感覚を抱いてしまうのだ。

あるいは、ほとんどの場合に、祭神ということを意識しないのであれば、そこには別の問題が生じてくる。

明治神宮の場合もそうだが、平安神宮を訪れて、桓武天皇や孝明天皇の存在を意識する参拝者はそれほど多くはないだろう。そこを訪れる者は、明治天皇夫妻や、桓武天皇・孝明天皇に参拝することを目的としているわけではない。そうした人はごく少数にとどまる。重要なのは、そこが神を祀った神社であるという、その一点である。

実はこれは、明治以降に創建された神社に限らず、神社一般にも当てはまることだろう。私たちが、どの神社でもいい、そこを訪れたときに祭神が何かということを考えることは決して多くはない。

もちろん、神社を訪れれば、祭神のことについては明記されているし、祭神にまつわる由緒や物語についてもさまざまな形で紹介されている。それを読めば、神社に祀られている神がどういった存在であるのかを知ることはできる。

しかし、たとえ祭神の名を知り、創建に至る由緒を知ったとしても、拝殿の前に赴き、そこで手を合わせたとき、祭神のことが念頭にのぼってくることはない。特定の祭神に向かって礼拝しているという感覚はほとんどないはずである。

そうだとすれば、私たちは、それぞれの神社に祀られた個別の祭神に対して礼拝をしているのではなく、神一般に対して礼拝していることになる。固有名詞を与えられた神ではなく、普通名詞としての神に祈っていると言うこともできるかもしれない。

だからこそ私たちは、さまざまな神社に出かけていき、それぞれの神社で祈りを捧げる。この神でなければならないと考える人間は少ないし、神社であればどこでもいいということになる。

では、その神一般とはどのようなものなのだろうか。それは、私たち日本人にとって神とは何なのかという問題に通じていく。最後に考えなければならないのは、そのことなのである。

第八章　日本的一神教

新宗教の開祖たち

日本の神のなかに、「生き神」というものが存在する。

生き神の具体的な例としては、すでに第五章で見た。出雲大社の祭司である出雲国造は、神の祀り手であると同時に祀られる対象でもある。ただ、生き神であるとは言っても、神の託宣を下すといったことは行っていないように見受けられる。神事において神として扱われたとしても、生き神ということばが示すような神としての振る舞いは、それほど明確ではないのである。

それに比較したとき、生き神としてどう振る舞ったかが明確なのが、幕末維新期に登場する新宗教の開祖たちである。

なお、新宗教がいつ発生したかについては議論があり、幕末維新期に誕生した教団を新宗教の先駆けとしてとらえる見方もあれば、むしろそれよりも後、二〇世紀初頭に生まれた教団以降を新宗教ととらえる見方もある。後者の見方をとる場合、幕末維新期に誕生した教団は、「民衆宗教」と呼ばれることが多い。

それを新宗教としてとらえるのか、それとも民衆宗教ととらえるかは問題であるにしても、その時代に誕生した新しい宗教において、開祖が生き神として見なされた点は、日本人の神の問題を考える上で重要である。

そのなかでもっとも古いものが如来教である。如来教の開祖となる一尊如来きのは、江戸時代の後期、享和《きょうわ》二（一八〇二）年に神憑りして生き神となるが、彼女に乗り移ったのは、宇宙を創造した如来の使者、金比羅《こんぴら》大権現であるとされた。金比羅大権現は、香川県琴平町の金刀比羅宮《ことひらぐう》で祀られる神であり、権現という神号を持つ点で神仏習合の性格が色濃い。ただ、一般の金比羅大権現には創造神としての性格はなく、そこに如来教の独自性があった。

次いで登場するのが黒住《くろずみ》教である。

黒住教の開祖となるのは黒住宗忠《むねただ》である。宗忠が生まれた黒住家は、岡山県岡山市北区にある今村宮で神職をつとめており、宗忠も、文化《ぶんか》七（一八一〇）年に父の跡を継いで今村宮の神職となっている。

ところが、文化九年に、両親がわずか一週間のあいだに相次いで亡くなる。それによって宗忠自身が悲嘆のあまり病床に伏せることとなり、一時は危篤状態に陥る。それでもなんとか病から回復するが、一一年一一月の冬至の日に、日の出を拝んでいたとき、宗忠は太陽の光に包まれ、天照大神と一体化するという神秘的な体験をする。これは、黒住教の教団においては「天命直授《てんめいじきじゅ》」と呼ばれ、この日をもって立教の日としている。

重要なことは、この天命直授の後、宗忠が、呪《まじな》いによる病気治しを始めたことである。これがまさに生き神の証となるわけだが、さらに宗忠は、日頃のこころがけを説くようになり、それは、天照大神のことばをそのまま伝えたものと信じられるようになる。

宗忠が一体化した天照大神は、たんに天皇家の祖神ということにとどまらず、万物の命の本源としての神であり、人間にはその天照大神の分心が宿っているとされた。そうである以上、すべてを天照大神に委ね、朗らかに暮らすことが大切だというのである。これは、記紀神話に示された天照大神のあり方とは異なっており、唯一神や創造神としての性格をもつものである。

宗忠の死後には、神道の元締めである吉田家から「宗忠大明神」の神号が与えられる。すでに前の章で見たように、大明神として人を死後に祀るのは吉田家のやり方である。なお、文久《ぶんきゅう》二（一八六二）年には、吉田家の吉田神社から社地を譲り受け、京都神楽岡に宗忠神社が創建されている。

黒住家が神職をつとめていた今村宮が岡山城の鎮守であったことから、まず岡山藩士のあいだに黒住教の信仰が広まる。幕末には、その岡山藩士のなかから尊皇攘夷派があらわれ、京都に進出した宗忠の門弟、赤木忠春たちは公卿の信仰を集めるようになり、慶応元（一八六五）年に宗忠神社は朝廷の勅願所となる。明治天皇の父である孝明天皇の信仰を得るようになったともされる。

黒住教は、伝統的な天照大神に対する信仰のあり方を大きく変えていったわけで、唯一神、創造神の性格を持たせることによって、より普遍的な神に祀り上げようとした。そうした神観は、如来教にも通じるものがある。さらにそうした側面を強く押し進めたのが天理教の場合である。

創造神としての「生き神」を生む天理教

現在の天理教は公称で一一〇万人を超える信者を抱えており、新宗教全体のなかでも有数の教団である。天理教の教会本部がある天理市は、教団名が市の名前として用いられている日本で唯一の事例である。

天理教の立教の日は、天保《てんぽう》九(一八三八)年一〇月二六日と定められている。開祖である中山みきの伝記は、戦後に天理教教団公認の『稿本天理教教祖伝』にまとめられているが、それによれば、その三日前に息子の足の病を治すため、修験者に乞われてみきが巫女の代理をつとめたところ、「元の神、実の神」と名乗る神が降り、みきを神の社として貰い受けたいと言ってきたとされる。

みきの夫の善兵衛は、最初この神の申し出を拒んでいたが、そうするとみき自身が苦しむことから、ついに二六日に申し出を受け入れた。これによってみきは神の社と定まることになったので、教団では立教の日としているわけである。

ただし、この出来事について述べた文書が登場するのは、みきや信者たちが警察から厳しい取り調べを受けるようになり、警察によって調書が作成される明治一四（一八八一）年になってからのことである。取り調べに答える形で、立教の日の伝承が作り上げられていった可能性が高い。

立教の日について疑いを向けなければならないのは、神の社と定まったはずのみきが、その後二〇年間は宗教家としての活動をまったく展開しなかったからである。

ただ、天保九年前後にみきが精神に変調をきたし、再三神憑りをくり返していたことは事実と考えられる。それを伝える史料が残されているし、立教の後、三年間にわたって内蔵に籠もっていたという言い伝えもある。精神的な病に陥ったことが神憑りを誘発し、やがて周囲に信者を得ることで、神と見なされていった可能性が考えられるのである。

みきは、周辺地域において安産を保証する「お産の神さま」として信仰されるようになる。ただし、それによって、修験者などの民間の宗教家と対立するようになる。そこで、息子の秀司は、京都の吉田家に入門し、正式な神職としての資格を得る。そして、中山家において「天輪《てんりん》王明神」という神を祀り、吉田神道に従って儀礼を営んだ。明神という神号は、すでに述べたように、吉田神道の流儀である。

現在の天理教の主宰神は、「天理王命」とされ、天輪王明神ではない。天輪王明神は、記紀神話に登場する国常立尊以下一二柱の神が合わさったものとされていた。これは、現在でも受け継がれており、天理王命の一〇の働きには、一二柱の神のうち一〇柱の神の名前が与えられている。

創造神話をもつ一神教へ

明治時代になると、天理教は禁厭祈禱《きんえんきとう》を禁止する法令や、許可を得ずに神仏を開帳して人を集めることを禁じる大阪府の違警罪（今日の軽犯罪）などに違反しているとしてくり返し取り締まりを受け、一時期はそれを避けるために真言宗の配下に入ったりした。

しかし、当時のみきは、夜中になると白髪を振り乱しながら忽然とあらわれ、「万代の世界を一れつ見はらせば、棟の分かれた物はないぞや」といったことばを吐いたと伝えられている。そうした、信者からすれば神のことばは、みき自身によって書き記された。それは『おふでさき』と呼ばれるようになり、天理教の教団の聖典と定められていく。たんにみきは神憑りをくり返しただけではなく、ことばを残し、教えを伝えるようになったのである。

さらにみきは、取り締まりが厳しくなった明治一四年以降、教団では「泥海古記《どろうみこうき》」、あるいは「こう（ふ）き」と呼ばれる創造神話を語るようになる。これは、無数の泥鰌《どじょう》が住んでいた泥海のなかから、「ぎさま」と「みさま」という男女二柱の神が、人間の創造を思いつき、魚と巳（蛇）のからだに入り込んで、長い時間をかけて猿から人間へと生長し、ついにはみきの体を社として出現していくまでの壮大な物語である。

そこから、天理教の教団では、中山家のあった場所を、人類が創造された場所、「ぢば」としてとらえるようになり、教会本部はそのぢばを中心に建てられた。信者は、四方からそのぢばを囲み、拝礼を行うのである。

ぎさまとみさまが、記紀神話の伊邪那岐命と伊邪那美命に由来することは明らかで、「泥海古記」は、記紀神話の影響を受けつつみきが生み出した独自の神話である。

天理教では、みきは天理王命そのものであり、人類を創造したという点で「親神」と位置づけられるようになる。創造神と創造神話をもつ点で、天理教は独自の宗教世界を開拓していったと言える。それは、如来教や黒住教、あるいは同時代の金光教の場合にも共通しており、創造神としての生き神という新しい神のあり方が幕末維新期から明治にかけて生み出されていったのである。

天理教の場合には、神と一体化した開祖がいて、その神は創造神である。天理王命を構成する一二柱、ないしは一〇柱の神々のなかに登場する大日靈命《おおひるめのみこと》は天照大神の別名であり、その点で、天理王命は皇祖神をも包含し、その上位にある神であるということになる。しかも、天理王命が出現するまでの神話も形成されている上に、人類発祥の地としての聖地も定められた。

そこには、戦後の天理教をリードする二代真柱中山正善《しんばしらしょうぜん》の働きもあった。彼は、初代真柱の息子として生まれるが、東京大学の宗教学科において、日本の宗教学の創始者の一人である姉崎正治のもとで学んだ。正善が宗教学を学んだ影響は大きく、彼はキリスト教をモデルに「一神教としての天理教」を作り上げていった部分がある（その点について詳しくは、拙著『天理教—神憑りから新宗教へ』八幡書店を参照）。

天理教の信者からしてみれば、そこに展開された信仰世界は、日本社会に一般的な多神教ではなく一神教である。それは、第三章で見た八幡神の信仰世界が、それ自体として完結しているのとも似ている。八幡神の場合には、八幡大菩薩となって神仏習合の典型ともなり、また、天照大神や春日大明神とともに日本的な三位一体の構造を作り上げていったわけだが、天理王命の場合には、そうした仏教との習合や他の神々との共存といった方向にはむかわなかった。

ただ、天輪王明神の天輪王は、仏教の力で世界を支配するとされる転輪王（転輪聖王《じょうおう》）に由来する可能性もあるし、一時真言宗の配下にあった時代には、天輪王ではなく、転輪王が信仰の対象になっていた。明治に入ると神道と仏教とは厳格に区別されることになり、神仏習合の信仰は成り立たなくなるが、もしそうならなければ、天理王命も、かつての八幡大菩薩のような神とも仏ともつかない存在として信仰されていたことだろう。

都市で信者が増えるのが新宗教の特徴

天理教は、大正時代に入ると、大阪などの都市部で信者を増やしていく。都市で増えるのが新宗教一般の特徴であり、その点では、大正時代以降の天理教は新宗教の典型とも言える。大阪にいた信者たちは、いくたびも天理の街に通ったが、その際には、教会本部でぢばに向かって礼拝するとともに、回廊をつたって、その北に設けられた教祖殿に向かった。

教祖殿は、親神としてのみきが祀られた神殿ということになるが、みきの死後、天理教では「存命《ぞんめい》の理」という考え方が生まれる。それは、人間としてのみきは死んだが、それは本来一一五歳と定まっていた寿命を縮めてのことで、その分、信者の救済にあたり、存命のまま働くというものである。つまり、親神としてのみきは、今でも教祖殿で生き続けているとされている。そのため、一日に三度食事が供され、季節ごとに衣替えも行われている。

この存命の理の考え方に影響を与えたのは、弘法大師空海は生きたまま入定したのであって、高野山の奥之院において今でも生き続けているとする真言宗の信仰である。天理教の信者は、生き続ける教祖に出会うために天理の街にくり返し戻ってくるわけで、それは「おぢばがえり」と呼ばれている。

天理教の信者たちが布教師として積極的に布教活動を展開したことで、天理教の教団は大きく発展していく。明治四三年の時点で、信者数（天理教では信者のことをよふぼくと呼ぶ）は四七五万人に達していたとするものがあり、戦前は四〇〇万人台で推移する。戦後の昭和二一年には一一三万人で、昭和四一年には二四六万人まで増えるが、現在では一一〇万人程度にまで減少している（天理教の信者数については、辻井正和「天理教の教勢１００年――統計数字から客観的にみる」『天理大学おやさと研究所年報』1、一九九五年を参照）。

明治四三年の時点で四七五万人というのは、かなり過大な数字と思われるが、天理教が巨大教団に発展していったことは、天理の街を訪れてみれば実感できる。とくに、教団の大規模な行事が行われるときには、三〇〇〇畳を超える教会本部は信者たちによって埋め尽くされ、その光景は壮観である。

それは必ずしも現実的なことではないかもしれないが、四七五万人の信者がさらに増え、天理教が一〇〇〇万人以上の信者を抱えるようになっていれば、多神教である日本社会に、相当な規模に達する一神教の信仰世界が出現していたことになる。しかも、その神は皇祖神よりも上位に位置する存在であった。それは、日本人の信仰世界全般に大きな影響を与え、それを変容させていったかもしれない。

日本にも一神教が大幅に浸透していく可能性があったのだ。天理教がイスラム教のような展開を示していたとしたら、社会全体が一つの信仰によってまとめ上げられていたかもしれない。

もちろん、日本の場合には、天理教が出現する時点で、土着の神道と外来の仏教の信仰が根づいており、両者は習合しながら一つの信仰世界を作り上げていた。この信仰世界が庶民層にまで浸透していたことを考えれば、天理教がいくら強力な布教活動を展開したとしても、日本人全体を改宗させることは難しい。キリスト教が日本社会に広く浸透できなかったのも、神道と仏教の壁に阻まれたからである。

しかし、近代の訪れは、日本人の信仰世界に大きな変化をもたらしたわけで、それがいったいいかなる方向にむかうのかは、その時点では必ずしも明確ではなかった。その点では、新たな宗教が教勢を急速に拡大していく余地はあったのである。

「神仏習合」から「神仏分離」へ

近代に入ったときの変化としてもっとも大きいのは、「神仏分離」という事態が起こったことである。

日本では、本書で幾度かふれてきたように、中世に入ってから、「神仏習合」という事態が進行した。土着の神道と外来の仏教とはさまざまな形で習合し、両者は分かち難く結びつけられていった。主な神社には、「神宮寺」が設けられたし、仏教寺院の境内には、各種の神が祀られた。神社に仏像が祀られるような場合さえあった。

中世に入ると、「惣村《そうそん》」と呼ばれる村落共同体が各地に形成されるようになるが、そうした地域共同体における信仰も、まさに神仏習合だった。村には必ず氏神を祀る神社が設けられ、一方で、葬式を担ったのは、それぞれの家が檀家になった菩提寺であった。

こうした村においては、神道の信仰と仏教の信仰とのあいだで「棲み分け」が行われていた。祭礼は神道の役割で、葬儀や法要は仏教の役割だった。これが、今日にまで受け継がれているわけだが、村社会においては、神道と仏教どちらにもかかわっており、両者は一体の関係にある。

ところが、江戸時代になってから、仏教が取り入れられる前の時代に戻ろうとする「復古神道」、あるいは「国学」の運動が高まりを見せ、神道の世界から仏教の信仰を排除しようとする動きが見られるようになる。

幕末期になり、天皇を中心に立て、海外の勢力を排斥しようとする尊皇攘夷の運動が高まると、そうした思想的な運動はいっそうの力を得て、「王政復古」という事態が生まれる。これによって江戸幕府は倒れ、天皇を中心とした明治新政府が誕生する。発足当初の新政府には、復古神道の神道家や国学者が参画し、古代の律令制の復活がめざされた。

そのなかで、復活した太政官による太政官布告として、慶応四・明治元（一八六八）年に出されたのが「神仏判然令」である。これは神仏習合という事態を否定するもので、それによって神仏分離が推し進められた。

江戸時代には「寺請制度《てらうけせいど》」が敷かれ、仏教の寺院が権力の末端としての役割を担っていたことから、それに対する反発もあり、さらに、仏教を排斥する「廃仏毀釈」という事態をも生むこととなった。規模の大きな寺院のなかには、それによって相当な痛手を被ったところがあり、廃寺に追い込まれたところさえあった。中国では何度か廃仏がくり返されたが、日本での本格的な廃仏は、これがはじめてのことだった。

これによって、中世から近世にかけて作り上げられた神仏習合の体制が崩れる。しかも、近代に入ると、外国との交渉や交流という事態が生まれ、英語のReligionということばが日本にも入ってきた。Religionの訳語として当てられたのは、それまで宗派の教えという意味で使われていた「宗教」ということばである。合わせて、今日的な意味での「仏教」ということばも使われるようになる。仏教も、それまでは仏の教えという意味で用いられており、一つの独立した宗教としての仏教を意味していたわけではなかった。

宗教ということばが日本の社会で使われるようになるということは、宗教という概念を通して物事がとらえられるようになったことを意味する。神道と仏教は、それぞれが異なる宗教として把握されるようになり、それによって独立した扱いを受けるようになる。

天皇家と皇族の信仰は神道と定まった

とくにそうした点で大きな影響を受けたのが天皇家の場合である。

古代における天皇は直接に政治にたずさわり、そこには天皇親政の体制が確立されていた。しかし、それは長くは続かず、しだいに天皇家の外戚として権力をふるった藤原氏が政治上の実権を握った。鎌倉時代に入ると武家政権が成立するが、後醍醐天皇による建武の新政においては天皇による親政が復活した。ただそれは一時的なものに終わり、それ以降、天皇は政治上の権力から遠ざけられ、位階制度などを通して武家に権威を与える役割に限定されるようになっていく。

明治新政府は、当初、天皇親政の時代に立ち戻ることをめざしたが、現実にはそれはうまく機能せず、やがて天皇を頂点に戴く立憲君主制を採用することになる。天皇の地位は、明治二二（一八八九）年に公布、翌年に施行された大日本帝国憲法によって規定されることとなった。その第一条では「大日本帝国ハ万世一系ノ天皇之ヲ統治ス」とされ、第三条では「天皇ハ神聖ニシテ侵スヘカラス」と、天皇が特別な存在であることが規定された。

これと併行して、新たに「皇室祭祀」が営まれるようになる。明治時代以前の天皇家においては、日本人全般がそうであったように、神道と仏教を中心に儒教や道教、陰陽道といったさまざまな信仰が習合した形で受け継がれていた。決して、天皇家の信仰が神道に限定されていたわけではない。

しかし、神仏分離という流れが生まれるなかで、天皇家に対してもそれが求められた。天皇が京都にいた時代には、宮中には「お黒戸《くろど》」という仏間が設けられ、そこには歴代の天皇や皇后の位牌が祀られていた。しかし、このお黒戸は、東京に設けられた皇居には移されず、天皇家の菩提寺である京都の泉涌《せんにゅう》寺に移されている。

その代わりに、宮中には、賢所《かしこどころ》、皇霊殿《こうれいでん》、神殿からなる「宮中三殿」が設けられた。賢所は天照大神を祀るもので、皇霊殿には歴代の天皇や皇族の霊が、そして神殿には天神地祇が祀られた。皇霊殿・神殿は、京都にはなかったものである。

宮中三殿が設けられ、とくにその中核を天照大神を祀る賢所が占めたことによって、皇祖神である天照大神と天皇との系譜上の結びつきが強調される。それとともに、天皇は自らの祖先としての神を祀る祭司、つまりは神主の役割を果たすこととなった。これも、明治になって生まれた新しい事態である。なお、皇祖神としての地位を得ていた八幡神は宮中では祀られなかった。そこには八幡神が八幡大菩薩として神仏習合の象徴的な存在となっていたことが影響していたものと思われる。

こうした体制が作り上げられるようになったことで、天皇家や皇族の信仰は神道に定まり、仏教などはそこから排除されていく。明治三一年に亡くなった山階《やましなの》宮晃《みやあきら》親王の場合には熱心な仏教徒であり、葬儀は仏式で行うよう遺言していたにもかかわらず、枢密院は、それを認めなかった。

ここには、皇室個人の信仰に対して、国家権力が介入したことが示されているが、それは一般の国民に対しても及んでいく。

明治四年一月には、「上知令《あげちれい》」が発せられ、神社や寺院に寄進された領地である社寺領が奪われた。それまでの社寺領は、神社仏閣を維持するための貴重な財源だった。

この上知令は、神社と寺院の双方に適用されるもので、平等であるようにも見えるが、神社と寺院については明らかにその後の扱いが違った。その年の五月一四日には、太政官符として「神社は国家の宗祀につき、神宮以下神社の世襲神職を廃し精選補任の件」という布告が出され、神社が「国家の宗祀」と位置づけられるとともに、神職が私有するものではないとされた。宗祀とは、「尊びまつるもの」の意味である。

同時に、神社は「官社《かんしゃ》」と「諸社《しょしゃ》」に分けられた。官社の方は、明治になって復活した神祇官が祀る官幣社と、地方官が祀る国幣社とにさらに分けられたが、伊勢神宮については、あらゆる神社の頂点に位置するということで別格とされ、社格は与えられなかった。一方、諸社の方は、府県社、郷社、村社に分けられ、それに該当しないものは無格社とされた。

そして、明治七年九月には、官社の経費については官費を支給するとされ、それによって官国幣社は経費や営繕費をまかなうようになる。ただ、明治二〇年三月にはそれが廃止され、官国幣社保存金制度が導入されている。

このように、日本の国家が神社に対して経済的な援助を行ったのは、まさにそれを国家の宗祀と位置づけたからだが、やがて、神道に対する信仰は宗教とは異なるものであるという扱いを受けるようになっていく。

明治一〇年一月には、宗教の統制を行ってきた教部省が廃止され、宗教行政は内務省社寺局に任された。この段階では、神社は寺院と同じ扱いを受けていたわけである。

ところが、大日本帝国憲法が制定されると、そのなかでは、条件付きではあったものの信教の自由が保障されるようになる。それは、国家が国民に対して宗教の信仰を強制することができなくなったことを意味する。となると、神道を国家の宗祀とすることはできない。そこで、明治三三年には内務省内の社寺局が廃止され、神社局と宗教局に分けられた。これは、神道を他の宗教とは区別し、宗教としては扱わないことを意味した。神社信仰は、それによって国民道徳として強制されるようになっていく。

その一方で、明治八年には、神道界の連携をはかるために神道事務局が設けられ、伊勢神宮を中心に神道の信仰を布教していく活動が企てられる。

ところが、そのなかから、神道修成派と黒住派（黒住教のこと）が独立して別派を立ててから、次々と教団としてのまとまりをもった集団が独立していくようになる。明治四一年には天理教も独立し、これによって、政府によって公認された神道の教派が一三になり、それは「神道十三派」と呼ばれるようになる。そこに含まれたのが、神道大教、黒住教、神道修成派、出雲大社教、扶桑教《ふそうきょう》、實行教《じっこうきょう》、神道大成教《しんとうたいせいきょう》、神習教《しんしゅうきょう》、御嶽教《おんたけきょう》、神理教《しんりきょう》、禊《みそぎ》教《きょう》、金光教《こんこうきょう》、天理教である。これは現在、「神社神道」と区別する意味で「教派神道」と呼ばれることが多い。

ただ、独立とは言っても、それぞれの教団が独自の信仰世界を展開することができたわけではない。

たとえば、天理教の場合には、天理王命という独自の神を信仰の対象とし、「泥海古記」という記紀神話とは異なる人類創世の神話まで有していたものの、国家の方針に対して従順に従っていくことを求められた。

明治三六年には、現在では「明治教典」と呼ばれる『天理教教典』が完成する。それは、「敬神章」、「尊皇章」、「愛国章」、「明倫章」、「脩徳章」、「祓除章《ふつじょしょう》」、「立教章」、「神恩章」、「神楽章」、そして「安心章」の各章からなるもので、天理王神という固有の神名は登場するものの、そこで説かれた教理は、天皇に対する信仰を含め、明治に入ってから一般の神社神道で説かれるようになったものと大きくは変わらなかった。教派神道は、戦前の日本国家が主導した信仰体制のなかにしっかりと組み込まれてしまったのである。

明治政府の「神社整理」「神社合祀」

このように、明治維新後の明治政府は、国民全体を精神的に統合するために、積極的に神への信仰を利用した。天理教のようにそこから逸脱していくような勢力については、くり返し弾圧を加え、国家の方針に従うように矯正していった。国家のあり方と神への信仰とは密接に連動することになったのである。

そのなかで、明治四〇年前後には、神社の合併や統廃合を行う「神社整理」、ないしは「神社合祀」が推し進められていく。

これについては、民俗学者で粘菌についての研究を行った南方熊楠《みなかたくまぐす》が強く反発したことはよく知られているが、これによって明治三一年の時点で全国に二〇万社あった神社は、大正五年には一二万社にまで減少した。

だからといってこの動きは、決して神社に対する信仰を弱体化させようとするものではなかった。実際はその逆であり、明治四一年七月に内務省地方局府県課長であった井上友一が神社局長を兼ねるようになると、井上は、神社を中心に地方の民心を統合しようとする「神社中心説」を唱えるようになる。そのために、維持することが困難になっていた小規模の神社を整理、統廃合し、それぞれの地域における中心的な神社への信仰を強化しようと試みたのである。

もう一つ、明治に入ってから定められたのが、神社における拝礼の仕方である。

神社における祭式については、最初、明治八年に「神社祭式」が制定された。その際に、神社における拝礼の仕方は、「一揖《いちゆう》、再拝、二拍手、一揖」と定められた。一揖とは軽くおじぎをすることで、再拝は、二度くり返して礼拝することを意味する。その後、二度拍手を打ち、最後はまた軽くおじぎをして締めくくるというわけである。

これは、現在、多くの神社で推奨されている礼拝の仕方に近いが、今では拍手のあと一度礼拝することになっている点が異なっている。その後、拝礼の仕方は変遷し、戦後に現在のやり方に落ち着いた。神社によっては、出雲大社や宇佐神宮のように、四拍手を正式としているところもある。

では、それ以前はどのような作法によって拝礼がなされていたのだろうか。

それについては、江戸時代の明和三（一七六六）年に刊行された伊勢神宮参拝のためのガイドブック、『伊勢参宮細見大全』が参考になる。

そこには、人々が伊勢神宮に参拝する様子が絵として描かれているが、それを見ると、参拝した人々は座り込んで前かがみになり、手を合わせている。そのまま地面に頭をつけるような者もいるが、拍手を打っているような参拝者は一人もいない。これは、江戸時代において、神社に参拝した場合にも、現在の作法とは異なり、拍手を打たなかったことを示している（『伊勢参宮細見大全』については、三重県立図書館がデジタルライブラリーとして公開している）。

現在の感覚では、二礼二拍手一礼が昔からの神社の伝統であるかのようにとらえられているかもしれない。だがそれは、明治になって行われるようになった新しい作法であり、それ以前は合掌するだけだった。それは、現代の私たちが仏教の寺院を訪れ、本尊などを拝むときに行うやり方と変わらない。

そこには、明治以前の時代には神仏習合の信仰体制が築かれていたことが関係する。神道の神社と仏教の寺院は分かち難く結びついており、両者は同じ境内に共存していた。あるいは、神社に仏像が祀られているような場合もあれば、その逆もあった。

そうであれば、自らが礼拝しているものを神としてとらえるのか、それとも仏としてとらえるのか、その区別はつかない。なかには、八幡大菩薩のように、その呼び名からして神でもあり、仏でもある存在も祀られていたわけだ。神と仏、神社と寺院を区別することができない時代には、神道式の拝礼と仏教式の拝礼が区別されることはなく、合掌が基本だったのである。

このように見ていくと、明治以前の日本人の神とのかかわり方は、明治に入った時点で、根本的な変化を被ったと言うことができる。

参拝者と神との距離が大きくなる

明治に入って、国家の宗祀と位置づけられ、財政的な援助を与えられた神社には、より多くの金が集まるようになり、建物が立派なものに変化していった。

伊勢神宮の場合、明治五年に写真に写された姿が、現在とかなり異なった印象を与えることについては、すでに第四章でふれた。式年遷宮は、その三年前の明治二年に行われており、正殿が建て替えられてそれほど時間は建っていない。ところが、屋根はすでに傷んでいるように見えるし、壁の板はそれこそ掘っ立て小屋のような張られ方をしていた。

現在の伊勢神宮内宮《ないくう》の場合、正殿《しょうでん》の前に瑞垣南御門《みずがきみなみごもん》があり、さらにその外に内玉垣《たまがき》南御門がある。正式に参拝する参拝者はそこまで入ることが許されるが、一般の参拝者は、蕃《ばん》塀《べい》の後ろにある板垣南御門を入り、外玉垣南御門から拝礼をしなければならない。

ところが、江戸時代の前掲『伊勢参宮細見大全』を見ると、瑞垣南御門の前に四角く囲って玉砂利を敷いた部分があり、その両脇には、参宮《さんぐう》の案内をする御師《おんし》が控えていて、参拝者は、その玉砂利の前で拝礼を行っている。今よりもはるか奥に入ることができたわけで、当時の内宮は、一重の瑞垣で囲まれているだけだった。それが、時代を経るにつれ、瑞垣の外に内玉垣と外玉垣が設けられ、外界と厳格に隔てられることとなったのである。

これは、一般の参拝者と神との距離が大きくなったことを意味する。もちろん、一般の参拝者は、その神の直接の祀り手というわけではない。だが、近代以降の神社は、国家によって保護されていたということもあって、威厳のある姿をとるようになり、神と人とのあいだを隔てる方向に進んでいった。

神仏習合の時代には、さまざまな神仏が混じり合い、そこには混沌とした宗教世界がくり広げられていた。その分、神仏と人との距離は近かった。神仏をことさら威厳のあるものとするために、それを世俗の世界から隔絶する必要がなかったからである。

したがって、神と人との関係は、近代に入って一新されたと言える。神仏分離によって、本地垂迹説は有効性を失い、神と仏との関係は断ち切られた。本地仏というとらえ方は一掃された。そして、神に拝礼する際には、神道独自の祭式が確立され、そのやり方は仏を拝礼するときのものとは差別化がはかられたのである。

しかも、戦後には宗教法人法が施行され、それぞれの宗教団体、教団は個別に宗教法人としての認証を受けるようになる。伊勢神宮も、現在は宗教法人神宮を名乗っている。

そうなると、神社と寺院との関係はより明確に区別されることになる。たとえば、三社祭りで名高い浅草神社《あさくさじんじゃ》は、浅草寺《せんそうじ》の境内にあるものの、両者は別個に宗教法人を組織しており、その点で関係が断ち切られている。浅草寺の境内図には、浅草神社のある場所は示されているものの、浅草神社の名称は記載されていない。浅草神社の祭神が、浅草寺の本尊である観音菩薩を川から拾い上げた漁師の兄弟などであるにもかかわらずである。

各地の神社仏閣をめぐってみると、このように、神仏習合の時代の名残を見出すことはできる。日光の東照宮が、二荒山《ふたらさん》神社と輪王寺《りんのうじ》に隣接しているのも、それゆえのことである。江戸時代には、この二社一寺は一体の関係にあった。

しかし、神社と寺院が別々の法人格をもち、それを包括する教団同士が個別に宗教活動を展開して一五〇年の歳月が流れてしまった以上、両者がふたたびかつてのような関係を取り戻すことはあり得ない。

奈良の春日大社の場合には、藤原氏の氏神であり、氏寺であって隣接する興福寺と密接不可分の関係をもっていたが、現在ではほとんど関係はなくなった。ただ、正月二日に、興福寺側からは「社参式」、春日大社側からは「日供始式《につくはじめしき》並《ならびに》興福寺貫首《かんす》社参式」と呼ばれる行事があり、興福寺の貫首らが春日大社を訪れ、社前で読経する儀式だけが残されている。僧侶が社前で読経するのは、神仏習合の時代には当たり前の風景だったのである。

おわりに

なぜ歴代の天皇は伊勢神宮への参拝を避けたのか

明治二（一八六九）年三月一二日、明治天皇が伊勢神宮を参拝した。

第二章で見たように、歴代の天皇のなかで伊勢神宮に参拝した可能性があるのは、それまでは持統天皇だけだった。それも、伊勢に行幸したとは伝えられているものの、実際に伊勢神宮を訪れたかどうかは必ずしも定かではない。そこにいかなる事情があったのか、明確なことが分かっているわけではないが、歴代の天皇は伊勢神宮へ赴くことを避けてきたようにさえ見える。

当初、伊勢神宮に対しては、天皇以外が私的な奉幣を捧げることが禁じられていた。天皇は参拝しなかったものの、「斎宮《さいぐう》」の制度が設けられた。これは、内親王や女王といった皇室につらなる女性が選ばれ、精進潔斎《しょうじんけっさい》を行いながら神事の際に奉仕する制度である。

斎宮は古代にはじまり南北朝時代まで続いた。後醍醐天皇の第二皇女であった祥子内親王《しょうしないしんのう》が最後の斎宮である。

ただ、朝廷の力は時代が進むにつれて衰えていき、鎌倉幕府を開いた源頼朝は、神宮に寄進を行うとともに、奉幣を捧げ、祈願も行った。室町時代になると、足利家の代々の将軍は直接伊勢神宮に参拝している。さらに、鎌倉時代以降は、文人たちや僧侶たちが伊勢参りをするようになり、江戸時代になると、伊勢参りは庶民層にまで広がっていく。

にもかかわらず、代々の天皇は伊勢に行幸することがなかった。そこには、八幡神が第二の皇祖神の地位にのぼりつめ、京の都のすぐ近くにある石清水八幡宮に祀られており、天皇の信仰もそちらに傾いていったことが影響していたことは考えられるが、第四章でふれた日蓮の遺文で言われていることを考えれば、伊勢神宮はないがしろにされていたかのように見える。

明治天皇は、明治のはじめの段階ではまだ京都にいた。そこで、三月七日に京都を出発し、草津、水口《みなくち》、関、松坂を経て外宮《げくう》に到着し、その神庫《しんこ》を行在所《あんざいしょ》として宿泊し、翌日に外宮に参拝している。その参拝の仕方は次のようなものであった。

〇次瑞垣御門ノ内ノ軒下ニ設アル浜床ニ着御。時ニ宮司案上ニ設アル処ノ太玉串ヲ捧持、進出テ神祇官ニ献ズ。神祇官取之奉主上、時ニ祭主進出ル。主上ヨリ太玉串ヲ祭主ニ賜フ。時ニ一禰宜代・二禰宜進出テ、祭主ノ手ヨリ太玉串ヲ受テ、大床ノ中央ニ設アル案上ニ備奉リテ退下。御階男柱ノ東ノ方ニテ、主上ニ向ヒ奉リテ平伏シテ本座ニ復ス。次　主上御拝、御手アリ。畢テ玉串御門ヲ出御。

明治天皇は、瑞垣御門の内側に設けられた浜床（周囲に柱を立て帳《とばり》を垂らした台）に進み、宮司から神祇官副知事に渡された大玉串を官人から受けとる。それを祭主（宮司）に戻すと、祭主はさらに禰宜《ねぎ》に渡し、禰宜が奉奠《ほうてん》した。その後、天皇は拝をして拍手を打った。これが終わると、天皇は昼食をとり、内宮でも同じ式次第で参拝を行った。

伊勢神宮については、すでに述べたように、「伊勢参宮（参詣）曼陀羅」というものがいくつか残されている。南北朝時代から江戸時代にかけてのもので、南北朝時代、一四世紀の奈良正暦寺に伝わる「伊勢両宮曼荼羅」には、護法善神である四天王のほかに、雲に乗った弘法大師や天女の姿が描かれ、さらには、法楽舎という密教の祈禱所も示されている。

中世から近世にかけての神仏習合の時代には、伊勢神宮にさえ仏教関係の建物が設けられ、仏教信仰が浸透していた。実は、伊勢神宮にあった仏教関係のものが撤去されたのは、明治天皇が伊勢神宮に参拝する直前の明治二年二月のことだった。さらに、地元の度会府《わたらいふ》からは、参道周辺の寺院についてもすべて取り払うよう指示が出て、二八六ヵ寺あったうち、一九五ヵ寺が廃寺の対象にされている。

この天皇による伊勢神宮参拝は、明治天皇の父親である孝明天皇の時代に計画されていたが、政変によってそれは実現されなかった。計画を企画したのは、行政官の首座である輔相の三条実美をはじめ、神祇官副知事の亀井茲監《これみ》や同判事の福羽美静《ふくばびせい》であった（吉川竜実「明治天皇の伊勢行幸——明治二年の御参拝次第を中心として」『明治聖徳記念学会紀要』復刊第21号、一九九七年、中西正幸「明治初年代における天皇と神宮」同、復刊第46号、二〇〇九年を参照）。

明治天皇が伊勢神宮に参拝することによって、そこに祀られた天皇家の祖神としての天照大神との結びつきが改めて確認され、それは、明治になって新たに確立された天皇を中心とした国家のあり方がいかなるものかを知らしめることに貢献した。しかも、参拝の準備のために、伊勢神宮での神仏分離が徹底され、仏教寺院が破却されたことで、明治時代の新たな信仰のあり方が具体的に示されたのだった。その点で明治天皇の伊勢神宮参拝は宗教史上の一つの事件だった。

それ以降も、明治天皇は、明治五年、一三年、三八年と三度伊勢神宮に参拝している。それは、大正天皇から昭和天皇、そして現在の天皇にまで受け継がれている。天皇が伊勢神宮に参拝することは、近代になってから当たり前のようにくり返されるようになったのである。

明治天皇が、持統天皇以来、歴代の天皇が参拝しなかった伊勢神宮に行幸することについてどのように考えていたかは分からない。天皇家の祖神を敬うことは当然だと考えていたかもしれないし、それまでの天皇が参拝しなかったことは、逆に不自然なことと感じていたかもしれない。

天皇自身ということではないが、現在の皇后は、二〇一三年の伊勢神宮の遷宮について、誕生日における宮内記者会からの質問に答える形で、「この一〇月には、伊勢神宮で二〇年ぶりの御遷宮が行われました。何年にもわたる関係者の計り知れぬ努力により、滞りなく遷御《せんぎょ》になり、悦ばしく有り難いことでございました。御高齢にかかわらず、陛下の姉宮でいらっしゃる池田厚子様が、神宮祭主として前回に次ぐ二度目の御奉仕を遊ばし、その許で長女の清子も、臨時祭主としてご一緒に務めさせて頂きました。清子が祭主様をお支えするという、尊く大切なお役を果たすことが出来、今、深く安堵しております」と述べていた。

そして、翌年の歌会始では、長女の清子が臨時祭主として式年遷宮にあたったことについて、「み遷りの近き宮居に仕ふると瞳静かに娘《こ》は言ひて発つ」と歌っている。皇后が、伊勢神宮の式年遷宮を、皇室にとって極めて重要で、なおかつ厳粛な行事として受けとっていることが、こういったことばや歌には示されている。

参拝解禁と日本の近代化

天皇の伊勢神宮への参拝が解禁されて以降の日本は急速な近代化を果たしていくとともに、世界の列強に伍して対外進出を進め、中国やロシアとは戦火まで交えることになる。その日本の姿は、伊勢神宮に祀られた天照大神が仲哀《ちゅうあい》天皇に対して朝鮮半島に侵攻することを強く促し、天皇がそれに逆らうと、即座にその命を奪ってしまったという、『古事記』に記された物語のことを思い起こさせる。

もちろん、『古事記』は神話であり、仲哀天皇については、歴史上実在したとは考えられていない。その点では、実際にそうした出来事が起こったという保証はまるでないわけだが、弟須佐之男命との誓約の物語を含めると、天照大御神に武神としての性格があったことは否定できない。

明治二二年に公布され、翌年に施行された大日本帝国憲法の第一一条において、「天皇ハ陸海軍ヲ統帥ス」とされ、さらに第一二条においては、「天皇ハ陸海軍ノ編制及常備兵額ヲ定ム」ともされた。もちろん、天皇はこうした軍事的な行為について、参謀総長や軍令部総長によって輔弼《ほひつ》されるわけで、勝手に軍を動かせるわけではなかった。けれども、軍隊の前に、天皇は軍服姿で現れた。そして、太平洋戦争に至るまでの一連の対外戦争は天皇のための戦い、日本にとっての聖戦としてとらえられた。
そして、日本が植民地化したアジア諸国や南太平洋の地域には、次々と神社が創建されていったが、その多くでは天照大神が祭神として祀られていた。また、合わせて伊勢神宮に参拝した明治天皇を祀った神社も少なくなかった。日本の海外進出は、天照大神に対する信仰を広めていくという行為を伴ったのである。

こうした経緯を考えると、天皇と伊勢神宮が結びつくことによって、武神としての天照大神が立ち現れ、日本という国を戦争へと駆り立てていったかのようにも見える。折口信夫が説くように、天皇霊の実在を信じるならば、明治以後の天皇霊の正体は伊勢の神であり、それは武神であったことになる。

だからこそ、歴代の天皇は伊勢神宮への参拝、行幸を避けたのだと考えることもできる。古代の宮中に祀られていたときの天照大神は、疫病をもたらすような恐ろしい神でもあった。そこで、朝廷のある場所からはかなり離れた伊勢に移され、それによって天皇との直接的な交わりは封じられた。

あるいはそれによって、豪族の間での戦いに終止符が打たれ、平安時代においては、長い間平和が維持されたのかもしれないのだ。

そして、八幡神という、やはり武神としての性格をもつ第二の皇祖神が登場することによって、平安時代の末期から武士が台頭し、戦乱の時代が訪れた。中世から近世のはじめにかけては、各地でさまざまな戦闘がくり返された時代でもあった。そうした事態に終止符を打った徳川幕府は、家康を東照大権現として祀ったのである。

日本人が外来の仏教を信仰した根本的な動機とは

世界を見渡してみても、戦争を司る神に比べて、平和を司る神は決して多くはない。たとえば、松村一男他編の『神の文化史事典』（白水社）にあたってみると、戦神《せんしん》としては、アース神族、インドラ、ウルスラグナ、オーディン、蚩尤《しゆう》、タケミカヅチ、チュール、トゥ（クー）、マルドゥク、マルト神群の名前があげられ、ほかに戦女神《せんじょしん》や戦乙女《せんおとめ》というものもあるとされる。

また、戦いを司る神としては、アスタルテ、アナト、アレス、イナンナ（イシュタル）、ウィツィロポチトリ、オグマ、シワコアトル、ニヌルタ（ニンギルス）、ネイト、フロイヒ、マルス、ミネルヴ、メドヴ、モートがあげられている。ほかにも、戦争の原因となるパリスとヘレネがあり、さらには軍事を司るアテナなどもある。戦いに関係する神には、実に多くのものがあるわけである。

これに対して、平和を司る神としてあげられているものは、わずかにクゥイリヌスとフレイだけである。たしかに、平和の神と言ったとき、簡単にその名前をあげることができるような存在はいない。

その点では、そもそも神というものは戦いを司るものであり、平和を実現するものではないということになる。

一神教における神についても、それは、終末論に示されているように、世界を根本的に破壊する力を有しているとされる。ただそれは、そうした神が創造神として位置づけられているからにほかならない。

唯一絶対の創造神は、その被造物である人間とのあいだに契約を交わし、人間が正しい信仰を持つ限り、その平和な生存を保証する。あるいは、とくにイスラム教に見られるように、神の無限の慈悲ということが強調される。神は人間の世界に介入し、そこに平和をもたらそうとする存在として信仰されているのである。

その意味で、一神教の神は、破壊的な力を有している一方で、根本的な平和を与えてくれる存在であると見ることができる。

一方、日本の神々の世界には、世界を根底から破壊するような強力な神は存在しない。その分、平和を実現してくれる力を有する神もいない。むしろ、仏教の仏の方が、慈悲や平安を司る役割を果たしてきた。たとえば、現代においても、観音菩薩が平和の象徴として新たに建立されることがあるところに、そうした点が示されている。

あるいはそこに、日本人が神道だけでは満足せずに、外来の仏教を信仰の対象にし続けてきた根本的な動機があるのかもしれない。

もちろん仏教にも、忿怒《ふんぬ》の形相を呈する不動明王をはじめとする明王や、武器を携えた四天王などがいる。

だが、そうした存在は、如来や菩薩よりも下の位に位置づけられており、軍神として祀り上げられるのは、八幡大菩薩のように、神道と習合した存在に限られている。

神というものは、第二章で見たように、恐るべき存在であり、人間が直接的な交わりを持つことは、ときに危険をもたらすことになる。

だからこそ、私たちは神を祀ってきた。神や神社に対して、「鎮座」ということばが用いられるのも、それを鎮める必要があると考えられているからである。

鎮めても、なかなかその力は衰えない。その神が強力で、なおかつ社会的に重要な存在であればあるほど、鎮めることは容易ではない。天照大神は、まさにそうした存在であり、それに肉薄した八幡神も、八幡大菩薩として祀られることで、ようやく鎮まったと見ることができる。

それに比べれば、人をその死後に神として祀っても、強い威力を発揮することはない。

菅原道真の場合には、天神、雷神と習合したからこそ強力な祟り神として君臨し、さらには善神としての功徳をもたらしてきた。その点では、天神としての道真は、たんに人を神として祀ったものとは言い切れない存在なのである。

日本の神には、つねに「祀る」という行為が関係する。人間の側が、神をどう扱うのかということが大きな問題になってくるわけである。

神を祀るということは、神をどこか特定の場所に鎮めることを意味する。だが、神が威力のある存在であるだけに、人は神を祀るだけでは満足せず、ときにはその力を利用しようとする。人を神に祀る行為も、その延長線上にあることだと言える。

しかし、いったん発動した神の力を人間の側がうまくコントロールできるのか、その保証はない。特定の神を武神として崇めたとき、崇める側がその神の力に強く影響され、神の化身となってひたすら戦いに駆り立てられていくこともあるわけである。

あとがき

　ここまで、日本の神についてさまざまな角度から論じてきた。そこには、神そのものの問題だけではなく、人間の側が、ここでは日本人の側がということになるが、神をいかにして祀ってきたのかということも含まれている。

　神は、媒介者を通して託宣を下したり、災厄を引き起こすことによって、人の生きる世界にかかわりをもってくる。

　そのとき、人の側は、神に相対し、ときにはそれに立ち向かわなければならない。なんとか鎮まってもらう必要があるときもある。

　逆に、人の側が、亡くなった人間を神に祀り上げようとすることもある。そうした神は、どの程度の力を及ぼすことができるかという点では、人の前に立ち現れてくる神ほどの威力を発揮してこなかったようにも見える。だが、一度神として祀られれば、それを祀り続ける人間がいる限り、神は神であり続けるのである。

　一般に、日本は多神教の国であり、日本人は八百万の神々を信仰の対象にしていると言われる。たしかに、日本人は一神教を信奉する民族ではない。

だが、多神教や八百万の神々と言ったとき、そこに展開されている信仰の世界について、私たちはその実態を必ずしも正確に把握しているわけではない。神による性格の違い、祀り方の違いということについて、改めて考えてみることはほとんどない。

教派神道系の教団では、天理教がそうであるように、自分たちの信奉する神について深く考えをめぐらし、それがどういった神であるのかをとことん究明しようとするところもある。

だが、それが一般の神社神道ともなれば、祭祀をくり返すことには力が注がれても、神の本質についての究明は必ずしも十分には行われていない。まして、一般の日本人が、そのことについて知ることはほとんどない。

けれども、ここまで見てきたように、日本に展開されてきた神々の世界は実に複雑であり、それぞれの神によってその世界は大きく異なっている。人間の生活に対してどういった影響を及ぼすかでも、神によってそれは異なっている。

天照大神の場合には、皇祖神とされている以上、その存在が社会的にも極めて重要なものになるのは当然である。

けれども、他の神々の場合にも、本書ではとくに八幡神と天神、春日神、大国主命などを取り上げたが、それが果たす役割や、それが関係する出来事には実にさまざまなことがある。個々の神が、固有の歴史をもっていると考えてもいいだろう。

歴史があるということは、神が変容していくということである。たとえば、最初渡来人によって祀られ、北九州の宇佐に鎮座していた八幡神は、都にのぼることによって、国家の命運を左右するほどの重要な存在と見なされるようになり、第二の皇祖神の地位を獲得するとともに、ついには八幡大菩薩として神仏習合の象徴的な存在に発展していった。それは、他の神々についても言えるのだ。

本書のなかで取り上げられなかった神々もまだ多く残されている。日本の神々の世界は、一般に考えられている以上に複雑であり、まだ十分にそのあり方は解明されていないのである。

二〇一六年四月八日

島田裕巳

N.D.C.160　252p　18cm
ISBN978-4-06-288370-2

講談社現代新書　2368

「日本人《にほんじん》の神《かみ》」入門《にゅうもん》――神道《しんとう》の歴史《れきし》を読《よ》み解《と》く

二〇一六年五月二〇日第一刷発行　二〇二四年六月二一日第三刷発行

著者　島田裕巳《しまだひろみ》
©Hiromi Shimada 2016

発行者　森田浩章

発行所　株式会社講談社
東京都文京区音羽二丁目一二―二一　郵便番号一一二―八〇〇一

電話　〇三―五三九五―三五二一　編集（現代新書）
〇三―五三九五―四四一五　販売
〇三―五三九五―三六一五　業務

装幀者　中島英樹

印刷所　株式会社ＫＰＳプロダクツ

製本所　株式会社ＫＰＳプロダクツ

定価はカバーに表示してあります　Printed in Japan

本書のコピー、スキャン、デジタル化等の無断複製は著作権法上での例外を除き禁じられています。本書を代行業者等の第三者に依頼してスキャンやデジタル化することは、たとえ個人や家庭内の利用でも著作権法違反です。Ⓡ〈日本複製権センター委託出版物〉複写を希望される場合は、日本複製権センター（電話〇三―六八〇九―一二八一）にご連絡ください。

落丁本・乱丁本は購入書店名を明記のうえ、小社業務あてにお送りください。送料小社負担にてお取り替えいたします。なお、この本についてのお問い合わせは、「現代新書」あてにお願いいたします。

「講談社現代新書」の刊行にあたって

教養は万人が身をもって養い創造すべきものであって、一部の専門家の占有物として、ただ一方的に人々の手もとに配布され伝達されうるものではありません。

しかし、不幸にしてわが国の現状では、教養の重要な養いとなるべき書物は、ほとんど講壇からの天下りや単なる解説に終始し、知識技術を真剣に希求する青少年・学生・一般民衆の根本的な疑問や興味は、けっして十分に答えられ、解きほぐされ、手引きされることがありません。万人の内奥から発した真正の教養への芽ばえが、こうして放置され、むなしく滅びさる運命にゆだねられているのです。

このことは、中・高校だけで教育をおわる人々の成長をはばんでいるだけでなく、大学に進んだり、インテリと目されたりする人々の精神力の健康さえもむしばみ、わが国の文化の実質をまことに脆弱なものにしています。単なる博識以上の根強い思索力・判断力、および確かな技術にささえられた教養を必要とする日本の将来にとって、これは真剣に憂慮されなければならない事態であるといわなければなりません。

わたしたちの「講談社現代新書」は、この事態の克服を意図して計画されたものです。これによってわたしたちは、講壇からの天下りでもなく、単なる解説書でもない、もっぱら万人の魂に生ずる初発的かつ根本的な問題をとらえ、掘り起こし、手引きし、しかも最新の知識への展望を万人に確立させる書物を、新しく世の中に送り出したいと念願しています。

わたしたちは、創業以来民衆を対象とする啓蒙の仕事に専心してきた講談社にとって、これこそもっともふさわしい課題であり、伝統ある出版社としての義務でもあると考えているのです。

一九六四年四月　野間省一

宗教

Ⓒ

日本語・日本文化

105 タテ社会の人間関係　中根千枝
293 日本人の意識構造——会田雄次
444 出雲神話——松前健
1193 漢字の字源——阿辻哲次
1200 外国語としての日本語——佐々木瑞枝
1239 武士道とエロス——氏家幹人
1262 「世間」とは何か——阿部謹也
1432 江戸の性風俗——氏家幹人
1448 日本人のしつけは衰退したか——広田照幸
1738 大人のための文章教室　清水義範
1943 なぜ日本人は学ばなくなったのか——齋藤孝
1960 女装と日本人——三橋順子
2006 「空気」と「世間」——鴻上尚史
2013 日本語という外国語　荒川洋平
2067 日本料理の贅沢——神田裕行
2092 新書　沖縄読本——下川裕治　仲村清司　著・編
2127 ラーメンと愛国——速水健朗
2173 日本人のための日本語文法入門——原沢伊都夫
2200 漢字雑談——高島俊男
2233 ユーミンの罪——酒井順子
2304 アイヌ学入門——瀬川拓郎
2309 クール・ジャパン!?　鴻上尚史
2391 げんきな日本論——橋爪大三郎　大澤真幸
2419 京都のおねだん——大野裕之
2440 山本七平の思想——東谷暁

P